Edelgard Moers

Spiele für schwierige Unterrichtssituationen

Schnelle, einfache und wirkungsvolle Ideen für Probleme & Störungen im Schulalltag der Grundschule

Gedruckt auf umweltbewusst gefertigtem, chlorfrei gebleichtem und alterungsbeständigem Papier.

1. Auflage 2018

Covergestaltung: zweiband.media Agentur für Mediengestaltung und -produktion GmbH, Berlin
Illustrationen: Corina Beurenmeister
Satz: Satzpunkt Ursula Ewert GmbH, Bayreuth
Druck und Bindung: Korrekt Nyomdaipari Kft
ISBN 978-3-403-**08146**-3

www.auer-verlag.de

Inhaltsverzeichnis

Vorwort

Kinder verursachen keine Störungen, aber die Situation, in der sie leben, kann ihre Entwicklung stören.

Kinder erleben in der Schule Spannung und Entspannung, Einsamkeit und Gemeinschaft, Freude und Ärger, Hoffnung und Enttäuschung, Überraschung und Neugierde, Fröhlichkeit und Ausgelassenheit. Durch verschiedene Auslöser können schnell problematische Unterrichtssituationen entstehen. Der Lehrer[1] wird herausfordernde Situationen immer wieder analysieren und reflektieren und so seine Handlungskompetenz erweitern. Natürliche Autorität und ein sicheres Auftreten helfen ihm, in fordernden Situationen handlungsfähig zu bleiben.

Kleine Störungen sollte der Lehrer ignorieren und den Unterricht interessant weiterführen, um die Aufmerksamkeit der Kinder wieder zu bündeln. Bei Problemen, die das gemeinsame Arbeiten beeinträchtigen, sollte der Lehrer den Unterricht unterbrechen, die Situation durch ein Gespräch klären und anschließend ein Spiel machen, das die Situation entschärft, das Problem verdeutlicht, Regeln bewusst macht oder Ruhe und Entspannung bringt. Gespräche mit der Schulleitung und mit Eltern sollten sich möglicherweise anschließen.

Viele Probleme in der Schule sind darauf zurückzuführen, dass Kinder eine geringe Resilienz oder niedrige Frustrationstoleranz haben. Das führt dazu, dass sie sich nicht umfassend auf den Unterrichtsstoff konzentrieren können, leicht zu irritieren, abzulenken oder zu verunsichern sind. Durch einen Blick oder eine Bemerkung eines anderen Kindes können sie schon die Kontrolle über ihr Handeln verlieren. Sie weinen, brausen auf oder reagieren aggressiv gegenüber Kindern oder sogar gegenüber dem Lehrer. Einige Kinder verhalten sich wie ein Klassenclown und versuchen immer wieder, die Aufmerksamkeit auf sich zu lenken. Bei anderen lässt die Konzentration schnell nach. Unruhe kann aber auch bei Unterforderung entstehen.

Das Ausbilden emotionaler und sozialer Kompetenzen ist für die Persönlichkeitsentwicklung des einzelnen Kindes und für eine positive Lernatmosphäre der Lerngruppe im Unterricht von großer Bedeutung.

[1] Aufgrund der besseren Lesbarkeit ist in diesem Buch mit Lehrer auch immer Lehrerin gemeint. Ebenso verhält es sich mit Schüler und Schülerin etc.

Damit gemeinsames Lernen in der Schule stattfinden kann, müssen die Kinder ihre eigenen Gefühle bewusst wahrnehmen, beschreiben und einordnen können, alle Kinder der Lerngruppe wahrnehmen, das Anderssein achten, verstehen und anderen respektvoll begegnen können. Die Kinder müssen lernen, die eigene Frustrationstoleranz einzuschätzen, zu kontrollieren und sich nicht in aufgeheizten Situationen zu unbedachten Äußerungen und Taten hinreißen zu lassen. All dieses lässt sich durch Achtsamkeitsübungen und auf spielerische Weise fördern.

Die Sozialkompetenz wird vernetzt mit der Selbst-, Wahrnehmungs-, Beziehungs- und Kommunikationskompetenz gefördert. Darüber hinaus werden die Koordination geschult, die Motivation gefördert, die Kreativität unterstützt und der Entdeckergeist gestärkt. Auch klassische Spiele sind für diese Sammlung neu entdeckt und in das Angebot unverändert oder abgewandelt aufgenommen worden. Im Spiel bauen Kinder Anspannungen ab und konzentrieren sich. Sie werden emotional angesprochen und nehmen die Lernfreude mit in den weiteren Schultag. Viele der Spiele können direkt in der Klasse durchgeführt werden. Für andere Spiele gehen die Kinder auf den Schulhof oder in das Foyer der Schule.

Durch Spiele können schwierige Unterrichtssituationen reduziert oder behoben werden. Spielen ermöglicht ein Gemeinschaftserlebnis, körperliche Entspannung und ein positives Lebensgefühl. Beim Spielen können sich die Kinder bewegen oder entspannen, Kontakte knüpfen, ihre Sinne erproben, sich gegenseitig auf engem Raum wahrnehmen und gemeinsam Anforderungen erfüllen. Kinder, die sich auf Spiele einlassen, binden sich freiwillig an die vorgegebenen Regeln.

Für dieses Buch wurden zahlreiche Spiele zusammengetragen, die schwierige Unterrichtssituationen entschärfen, positive Verhaltensweisen trainieren sowie das Miteinander und die Freude am Spiel fördern können.

Spiele zur Prävention und zur Stärkung der Persönlichkeitsentwicklung

Kinder können unruhig werden, wenn sie nicht ausreichend beachtet und bestärkt werden. Wenn sie nicht in einer Situation der Geborgenheit aufgewachsen sind, haben sie nicht die Widerstandskraft wie Kinder, die von beiden Eltern geliebt und behütet werden und in Frieden und mit viel positiver Bestätigung aufwachsen können. Dadurch bauen sie Unsicherheiten auf, die sich in der Klassengemeinschaft auswirken, denn die Kinder sind nicht belastbar und nicht berechenbar. Wenn weitere Frustrationen hinzukommen, verlieren sie schnell die Kontrolle über ihr Handeln.

Sie sollen die Chancen erhalten, mehr Selbstbewusstsein und Selbstvertrauen aufzubauen und ihre Resilienz und Frustrationstoleranz zu stärken. Das kann auf spielerische Weise geschehen. Wichtig ist für diese Kinder, von der Gemeinschaft akzeptiert und respektiert zu werden. Erst wenn sie sich ihrer Fähigkeiten bewusst werden, Erfolge verzeichnen können, Vertrauen zu anderen aufbauen, sich auf andere einlassen, dann können sie unbeschwert lernen.

Die Spiele zur Prävention, zur Stärkung der Persönlichkeitsentwicklung und zum positiven Miteinander sind für alle Kinder wichtig.

Begrüßungsprozession

- Die Kinder sitzen an ihren Plätzen.
- Ein Kind steht auf und geht auf ein anderes Kind zu, gibt ihm die Hand und sagt: „Hallo, xx!“
- Das Kind grüßt mit der Namensnennung zurück.
- Beide Kinder gehen nun zum nächsten Kind und begrüßen es mit seinem Namen.
- Das begrüßte Kind schließt sich ihnen an, sodass nun zu dritt das nächste Kind begrüßt wird.
- So geht das beständig weiter, d. h. immer mehr Grüßende sind hintereinander unterwegs.
- Die noch Sitzenden werden von immer mehr Kindern begrüßt und müssen entsprechend viele begrüßen, bis nur noch ein Kind sitzt, das von allen begrüßt wird und alle grüßt.

Ich bin toll!

- Die Kinder sitzen an ihren Plätzen.
- Ein Kind kommt nach vorne und sagt: „Ich bin toll!“. Es „verkörpert“ dabei ein anderes Kind der Klasse.
- Die anderen Kinder stellen Fragen, auf die das Kind nur „ja“ oder „nein“ antworten kann.
- Sie fragen z. B.:
  - Bist du ein Mädchen oder ein Junge?
  - Hast du im Januar Geburtstag?
  - Bist du 8 Jahre alt?
- Das Kind, das den Namen des verkörperten Kindes erraten hat, ist nun an der Reihe.

Name und Bewegung

- Die Kinder sitzen im Kreis.
- Ein Kind beginnt mit dem Spiel.
- Es sagt seinen Namen und macht eine Bewegung, die zu ihm gehört. Es erklärt, was die Bewegung bedeutet und warum sie wichtig ist.
- Das nächste Kind wiederholt den Namen und die Bewegung, nennt seinen Namen und macht eine Bewegung, die zu ihm gehört.
- So geht es immer weiter. Jedes Kind wiederholt das Gehörte und Gesehene und ergänzt seinen Namen und seine wichtige Bewegung.

Partnerbefragung

- Die Kinder sitzen zu zweit zusammen.
- Kind A befragt Kind B und lässt sich erzählen, wie Kind B heißt, ob es Geschwister hat, wo es wohnt, welche Hobby es hat, welche Lieblingsspeise es hat und anderes mehr.
- Kind A schreibt alle Informationen auf.
- Der Lehrer stoppt mit einer Klangschale oder einem Klangstab die Zeit, zu der der Wechsel der Befragung stattfinden soll.
- Nun wird gewechselt.
- Kind B befragt Kind A und schreibt die Informationen auf. Der Lehrer stoppt mit der Klangschale oder einem Klangstab die Zeit, wenn die gegenseitige Befragung beendet ist.
- Danach setzen sich alle Kinder in einen Theaterkreis. Gegenüber ist ein freier Stuhl. Auf diesen freien Stuhl setzt sich das Kind, das nun von seinem Partner vorgestellt wird.
- Das Kind, das seinen Partner vorstellt, kann seine Eindrücke zum Ausdruck bringen, die ihm positiv an seinem Partner aufgefallen sind. Es darf sagen, dass der Partner humorvoll oder freundlich ist oder dass er so viele Hobbys hat, die er alle gar nicht aufzählen kann.

Name und Eigenschaft

- Die Kinder sitzen im Kreis.
- Das erste Kind stellt sich mit dem Vornamen und einer passenden Eigenschaft vor, die mit dem gleichen Anfangsbuchstaben wie der Name beginnt, z. B. „Ich bin der tapfere Tom“.
- Das Kind rechts wiederholt das Gehörte: „Du bist der tapfere Tom“ und sagt seinen Namen und verbindet ihn mit einer Eigenschaft, die mit dem gleichen Anfangsbuchstaben wie der Name beginnt, z. B. „Ich bin die sanfte Sophia“.
- Dann ist das Kind rechts daneben dran. Dieses wiederholt das Gehörte und sagt nun seinen Namen und davor eine passende Eigenschaft, z. B. „Ich bin der mutige Mats“.
- Das Spiel ist zu Ende, wenn alle Kinder an der Reihe waren.

Die Kinder können vorher im Unterricht viele positive Adjektive sammeln und die Eigenschaften klären.

Ich heiße Flinke Feder

- Der Lehrer beginnt.
- Er nennt seinen Indianernamen bestehend aus einem Adjektiv und einem Nomen, z. B.: „Ich heiße Flinke Feder."
- Das nächste Kind sagt z. B.: „Ich heiße Schneller Pfeil."
- Das nächste Kind sagt z. B.: „Ich heiße Großer Adler".
- Das nächste Kind sagt z. B.: „Ich heiße Träumender Stern."
- Das nächste Kind sagt z. B.: „Ich heiße Starker Büffel."
- Das nächste Kind sagt z. B.: „Ich heiße Kluger Fuchs".
- Wenn sich alle Kinder mit ihrem Indianernamen vorgestellt haben, dann fragt der Lehrer ein Kind: „Erzähle, Starker Büffel, warum haben deine Eltern dir diesen schönen Namen gegeben."
- Darauf erzählt Starker Büffel in einem Satz, warum er so heißt, z. B.: „Meine Eltern haben mich so genannt, weil ich schon als Baby kräftig war und auch jetzt immer noch stark bin."
- Nun fragt Starker Büffel ein anderes Kind, z. B. „Erzähle, Kluger Fuchs, warum haben deine Eltern dir diesen schönen Namen gegeben."
- Kluger Fuchs antwortet in einem Satz und fragt anschließend das nächste Kind.
- Auch der Lehrer erzählt, dass er z. B. schon als kleines Kind gern gemalt und früh geschrieben hat.
- Das Spiel ist zu Ende, wenn alle Kinder geantwortet haben.
- Die Kinder sollen ernsthaft eine Eigenschaft, eine Fähigkeit oder Fertigkeit durch ihren Indianernamen verdeutlichen.

Meine liebste Freizeitbeschäftigung

- Die Kinder stehen im Kreis.
- Das erste Kind beginnt und sagt, was seine liebste Freizeitbeschäftigung ist. Wer von den Kindern auch diese Freizeitbeschäftigung mag, stellt sich zu dem Kind.
- Dann sagt das nächste Kind, was seine liebste Freizeitbeschäftigung ist. Wer von den anderen Kindern auch diese Freizeitbeschäftigung mag, stellt sich zu dem Kind.
- So geht es immer weiter.

> Es kann durchaus sein, dass ein Kind mit seiner Freizeitbeschäftigung allein bleibt und keine Gleichgesinnten finden.

Mein Name und mein Hobby

- Die Kinder sitzen im Kreis.
- Ein Kind beginnt: „Mein Name ist … und mein Hobby ist.“ Es nennt dabei seinen Namen und stellt sein Hobby durch eine kurze Bewegung dar. Das Wort spricht es nicht aus.
- Das Kind, das neben ihm sitzt, wiederholt: „Dein Name ist … und dein Hobby ist … .“ Das Kind macht die Bewegung nach und sagt anschließend. „Mein Name ist … und mein Hobby ist …“. Das Kind spricht das Wort für sein Hobby wieder nicht aus, sondern macht eine Bewegung.
- Das nächste Kind wiederholt der Reihe nach alle gehörten Äußerungen und macht die gesehenen Bewegungen nach, sagt dann den eigenen Namen und stellt das eigene Hobby durch eine Bewegung dar.
- Das Spiel ist zu Ende, wenn das erste Kind der Reihe, das seinen Namen und sein Hobby zuerst vorgestellt hat, alles Gehörte und Gesehene wiederholt hat.
- Die anderen Kinder dürfen mithelfen, wenn es nicht alles in der richtigen Reihenfolge hinbekommt.
- Die Bewegungen zum Hobby sollen möglichst eindeutig sein, damit die Kinder nicht raten müssen, sondern sofort wissen, um welches Hobby es sich handelt.

Gemeinsamkeiten

- Die Kinder sitzen in der Klasse auf ihren Plätzen.
- 2 Kinder gehen nach vorne. Sie sprechen ab, was sie verbindet und welche Gemeinsamkeit es zwischen ihnen beiden gibt.
- Die anderen Kinder dürfen durch Fragen herausfinden, um welche Gemeinsamkeit es geht. Sie dürfen aber nur Fragen stellen, auf die die beiden Kinder mit „ja“ oder „nein“ antworten können.
- Das Kind, das die Gemeinsamkeit herausgefunden hat, ist nun an der Reihe. Es sucht sich einen Partner, mit dem es eine Gemeinsamkeit festlegt und diese von den anderen Kindern erraten lässt.

Mein Werbeplakat

- Die Kinder erstellen still und allein ein Werbeplakat von sich. Sie sollen sich selbst darstellen.
- Mögliche Fragen als Hilfe:
  - Was kannst du besonders gut?
  - Was würdest du gerne den anderen zeigen?
  - Was möchtest du auf ein Werbeplakat schreiben?
- Sobald die Wahlplakate fertig sind, setzen sich die Kinder in einen Theaterkreis vor die Tafel.
- Der Lehrer hängt das erste Plakat an die Tafel. Dann sollen die Kinder erraten, um wen es sich handelt. Dann folgt das nächste Plakat. Das Spiel ist zu Ende, wenn alle Maler der Plakate erraten worden sind.
- Die Kinder präsentieren anschließend die Plakate. Das erste Kind heftet sein Bild mit Magneten an die Tafel und erläutert den anderen Kindern, was es gut kann. Danach hängt es das Werbeplakat ab und bringt es an der Seitenwand an. Die anderen Kinder geben eine Rückmeldung (z. B. „Darauf bin ich schon gespannt.“, „Das möchte ich gerne sehen.“).
- Nun stellt das nächste Kind sein Plakat vor.
- Das Spiel ist zu Ende, wenn alle Kinder ihr Werbeplakat vorgestellt haben.
- Jedes Kind kann nach und nach auch noch vormachen, was es gut kann. Dafür bekommt es anschließend einen kräftigen Applaus.
- Die Werbeplakate bleiben mehrere Monate in der Klasse an einer Wandseite hängen. Wenn ein Kind nach einiger Zeit eine andere Sache besser kann, so kann es ein neues Werbeplakat erstellen und anbringen. Das alte Plakat nimmt es dann ab.

> Wenn ein Kind sich noch nicht zutraut, eine Sache gut zu können, kann der Lehrer ihm Mut machen und erklären, dass die Präsentation nicht fehlerfrei sein muss.

Mein Lieblingsessen

- Die Kinder sitzen im Kreis.
- Ein Kind beginnt.
- Es sagt: „Mein Lieblingsessen ist ...“.
- Die anderen Kinder nennen der Reihe nach ebenfalls ihr Lieblingsessen.
- Im 3. und 4. Schuljahr wiederholt jedes Kind das vorher Gesagte, bevor es sein eigenes Lieblingsessen nennt.

Wie ich heute zur Schule gekommen bin

- Die Kinder sitzen im Kreis.
- Ein Kind beginnt. Es erzählt in einem Satz, wie es heute zur Schule gekommen ist. Dabei darf es seiner Fantasie freien Lauf lassen und maßlos übertreiben oder etwas frei erfinden. Es kann z. B. sagen: „Mein Roboter hat mich heute Morgen mit seinem Elektromobil zur Schule gebracht.“
- Danach ist das nächste Kind an der Reihe.
- Es darf ruhig gelacht werden, wenn Kinder humorvolle Sachen erfinden.

Glücksbuch

- Die Kinder schreiben in ein Heft mit dem Titel „Glücksbuch“, in welchen Situationen sie glücklich waren, und illustrieren es.
- Die Kinder finden sich im Kreis zusammen.
- Das erste Kind wählt eine Situation aus seinem Glücksbuch aus und erzählt davon, wie es glücklich war.
- Dann bestimmt es ein anderes Kind, von einer glücklichen Situation zu berichten.
- So geht es immer weiter.

Lehrer erraten

- Die Kinder sitzen auf ihren Plätzen.
- 2 Kinder einigen sich auf den Namen eines Lehrers der Schule. Die beiden Kinder stehen vor der Klasse.
- Die anderen Kinder dürfen durch Fragen herausfinden, welchen Lehrer die beiden meinen. Sie dürfen aber nur Ja-/Nein-Fragen stellen.
- Das Kind, das den Namen des Lehrers genannt hat, ist nun an der Reihe. Es sucht sich einen Partner, mit dem es sich auf einen anderen Lehrer festlegt. Dieser wird wieder von den anderen Kindern erraten.
- Die Kinder dürfen auch andere Personen aus dem Schulbetrieb erraten lassen, z. B. den Hausmeister, die Sekretärin oder die Ganztagsbetreuer.

Wie es mir heute geht

- Die Kinder sitzen im Kreis.
- In der Mitte liegen ein Stein und eine Feder.
- Die Kinder bringen ihre momentane Gefühlslage mit einem der beiden Gegenstände zusammen, indem sie alternativ sagen:
  - Ich fühle mich schwer wie ein Stein, weil ...
  - Ich fühle mich leicht wie eine Feder, weil ...

Erfolgsrunde

- Die Kinder finden sich im Kreis zusammen.
- Jedes Kind erzählt der Reihe nach, wann und wo es zuletzt Erfolg hatte.
- Die Kinder sollen ernsthaft von Situationen berichten, in denen gute Vorbereitungen und eigene Leistungen zum Erfolg geführt haben.
- Die Kinder können sich auch gegenseitig auf die Schulter klopfen.
- Sie legen selbst die Reihenfolge der Beiträge fest.

Glücksucher

- Die Kinder sitzen im Kreis.
- In der Mitte liegt ein großes Blatt Papier, auf dem eingekreist das Wort „Glück" steht.
- Der Lehrer schaut ein Kind an und sagt: „Finde ein Wort, das du mit Glück verbindest."
- Das Kind nennt ein Wort, schreibt es wie einen Sonnenstrahl von der Mitte aus auf und bestimmt ein anderes Kind, ebenfalls ein Wort zu nennen und wie einen Sonnenstrahl von der Mitte nach außen aufzuschreiben.
- So geht es immer weiter.
- Wenn alle Kinder ein Wort aufgeschrieben haben, schauen sie sich die Glücksonne an und nutzen sie für das Schreiben eigene Texte.
- In einem anderen Durchgang können die Kinder auch Wörter nennen, die sie mit Freundschaft, Liebe oder Geborgenheit in Verbindung bringen.

Hexengericht

- Die Kinder sitzen in der Klasse auf ihren Plätzen.
- Vor der Klasse sitzt die „Hexe" auf dem Lehrerstuhl.
- Sie sagt: „Heute tagt das Hexengericht".
- Sie sucht sich ein Kind aus.
- Sie wirft ihm etwas vor, was ihm gut gelungen ist, z. B.:
  - Du hast eine 2 in der Mathematikarbeit geschrieben.
  - Du hast das Papier aufgehoben und in den Papierkorb getan.
- Aus der Sicht der Hexe hat das, weil es eine gute Tat war, eine Strafe verdient. Deshalb sagt sie: „Hiermit verurteile ich dich zu ...". Sie nennt eine Handlung, die das Kind durchführen muss.
- Es soll eine freundliche Tat sein (die aber für die Hexe furchtbar ist), z. B.:
  - einem Kind etwas Nettes sagen
  - einem Kind sagen, warum man es mag
- Dann sucht sich die Hexe das nächste Kind aus oder die Hexe wird ausgewechselt.

Hexenzauber

- Ein Kind wird als „Hexe“ ausgewählt. Sie steht mit dem Rücken zu den Kindern. Die anderen Kinder stehen nebeneinander auf der gegenüberliegenden Seite. Die Hexe ruft ihren Zauberspruch:
  Krötenschleim und Nebelschrei.
  Kinder, Kinder, kommt herbei.
- Während sie ruft, dürfen sich die Kinder vorsichtig auf sie zubewegen.
- Wenn sich die Hexe nach ihrem Zauberspruch umdreht, müssen die Kinder wie versteinert in der Bewegung verharren, damit sie nicht von der Hexe entdeckt werden. Falls sich dennoch ein Kind bewegt, nimmt es die Hexe mit auf ihre Seite.
- Nun dreht sie wieder den Rücken zu den Kindern und ruft abermals ihren Zauberspruch:
  Krötenschleim und Nebelschrei.
  Kinder, Kinder, kommt herbei.
- Während sie ruft, dürfen sich die Kinder vorwärtsbewegen. Wenn sie sich umdreht und zu der Gruppe schaut, müssen alle wieder in der Bewegung verharren. Das geht so lange, bis es ein Kind schafft, die Seite zu erreichen, noch bevor sich die Hexe nach ihrem Zauberspruch umgedreht hat.
- Dieses Kind hat gewonnen und darf nun die Hexe spielen. Ein neuer Durchgang kann beginnen.
- Wenn Kinder eine große Spielfläche haben, dann kann der Zauberspruch auch länger sein, z. B.:
  Spinnendreck und Mauseschwanz,
  Feuersbrunst und Besentanz,
  Krötenschleim und Nebelschrei,
  Kinder, Kinder, kommt herbei.
- So kommen die Kinder schneller auf die Seite, an der die Hexe ist.

Stille Post in beiden Richtungen

- Die Kinder sitzen im Kreis.
- Sie teilen sich in zwei Gruppen auf.
- Zur ersten Gruppe gehört jedes zweite Kind.
- Die Kinder dazwischen gehören zur zweiten Gruppe.
- Die erste Gruppe schickt einen stummen Gruß rechts herum und die zweite Gruppe schickt einen stummen Gruß links herum.

Dafür und dagegen

- Die Kinder sitzen an ihren Plätzen.
- An der Tafel steht eine Frage, z. B.:
  - Muss ich immer die Wahrheit sagen?
  - Darf ich meinem Freund kritisieren?
  - Soll ich sagen, dass ich manchmal schlechte Laune habe?
  - Kann ich auch einen Freund haben, der jünger ist als ich?
- An einer Seite der Seitentafel steht groß „Ja“ und an der anderen Seite steht „Nein“.
- Nun können die Kinder einzeln in beliebiger Reihenfolge zu einer Seitentafel gehen und ihre Position beziehen, z. B. „Ich bin der Meinung, dass ..., weil ...“. Sie sollen sich zu ihrer Position bekennen und sie begründen.
- Nach einer bestimmten Zeit beendet der Lehrer diesen Durchgang und schreibt eine neue Frage in die Mitte der Tafel. Dann beginnt das Argumentieren dafür oder dagegen von vorne.
- Der Lehrer kann für das Spiel tatsächliche Fragen der Kinder nutzen.

Teekesselchen

- Die Kinder finden sich zu zweit zusammen und überlegen sich ein Teekesselchen (= ein Wort mit 2 Bedeutungen), z. B. Birne.
- 2 Kinder stellen sich vor die Klasse. Abwechselnd sagen beschreiben sie ihr Teekesselchen. Jeder Partner macht dabei auf eine Bedeutung aufmerksam.
- Wenn ein Kind erraten hat, um welches Teekesselchen es sich handelt, dann darf es mit seinem Partner das nächste Teekesselchen erraten lassen.

Jeder kann etwas

- Die Kinder sitzen an ihren Plätzen.
- Ein Kind wird ausgewählt, stellt sich vorne hin und stemmt die Arme in die Seiten. Es bleibt stumm.
- Die anderen Kinder sagen der Reihe nach, was das Kind kann, wozu es Talent hat, warum es jeder mag oder was so toll an ihm ist.
- Danach geht das Kind durch die Reihen, tippt ein anderes Kind an und setzt sich dann auf seinen Platz.
- Das andere Kind stellt sich nun vorne hin und stemmt die Arme in die Seiten. Es bleibt stumm.
- Die Kinder sagen nun, was das Kind kann, warum es jeder mag oder was so toll an ihm ist.
- So geht es immer weiter, bis jedes Kind einmal vorne gestanden hat.

Merlin trennt keine Freunde

- Die Kinder stehen an einer Seite einer Spielfläche. An der gegenüberliegenden Seite steht Merlin und sucht neue Zauberlehrlinge.
- Die Kinder rufen: „Merlin, Merlin, willst du Zauberlehrlinge haben?“
- Merlin antwortet: „Ja, aber Freunde trenne ich nicht.“
- Daraufhin rennen die Kinder in die Richtung von Merlin. Das ist ihr Ziel.
- Merlin läuft in die Richtung der Kinder und kann durch Berühren mit der Hand Zauberlehrlinge bestimmen, die ihn nun begleiten werden.
- Wenn Kinder nicht von Merlin gefangen genommen werden möchten, dann suchen sie schnell einen Partner und stellen sich mit ihm zusammen hin. Die beiden bleiben stehen und halten sich an den Händen fest. So werden sie nicht von Merlin mitgenommen, denn Merlin trennt keine Freunde.
- Sobald Merlin sich von ihnen entfernt hat, rennen sie getrennt bis zur Seite.
- Nach einiger Zeit wird ein anderes Kind als Merlin ausgewählt.

Ein Satz mit gleichen Buchstaben

- Ein Kind steht vor der Klasse und sagt einen Satz, der immer mit dem gleichen Buchstaben beginnt, wie z. B.:
  - Milchschnitten machen mich müde.
  - Stolpersteine stolpern ständig.
- Die anderen Kinder müssen den jeweiligen Satz nachsprechen.
- Wer sich verhaspelt, kommt als Nächster nach vorne und spricht einen Satz vor, den die anderen nachsprechen sollen.

Gemeinsamkeiten entdecken

- Die Kinder laufen frei durch den Raum.
- Dazu kann auch Musik gespielt werden.
- Auf ein Kommando finden sich immer 2 Kinder zusammen, die erkennbar etwas gemeinsam haben, z. B.:
  - gleiche Haarfarbe
  - gleiche Schuhgröße
  - gleiche Körpergröße
  - gleiche Farbe des Oberteils
- Danach laufen die Kinder wieder frei durch den Raum.
- Auf das nächste Kommando hin finden sich 2 andere Kinder zusammen, die ebenfalls etwas gemeinsam haben.

Wenn sich die Kinder schon gut kennen, dann können auch nicht sichtbare Dinge gewählt werden, sondern etwas, was die Kinder sonst noch verbindet.

Farben finden zueinander

- Die Kinder laufen verteilt im Raum herum.
- Sie achten darauf, welche Farben sie an ihrer eigenen Kleidung haben und wo diese Farben bei den anderen Kindern vorhanden sind.
- Dann geben sie einem farbverwandten Kind die Hand und laufen mit ihm durch den Raum.
- Wenn sich alle Kinder an andere angehängt haben, ist das Spiel zu Ende.

Alles mit einem Buchstaben

- Die Kinder sitzen im Kreis.
- Ein Kind sagt leise das Alphabet auf.
- Ein anderes Kind sagt „Stopp!“
- Das Kind nennt den Buchstaben, bis zu dem es gekommen ist, und nennt einen Oberbegriff, z. B. Obst, Gemüse, Flüsse, Städte, Länder.
- Die anderen Kinder müssen nun der Reihe nach zu diesem Oberbegriff ein passendes Wort sagen, das mit diesem Buchstaben beginnt.
- Danach ist ein anderes Kind an der Reihe, welches das Alphabet aufsagt und einen neuen Buchstaben festlegt.

Den freien Platz besetzen

- Die Kinder sitzen im Kreis.
- Ein Stuhl wird dazugestellt.
- Auf ein Signal rutscht das Kind, das rechts davon sitzt, auf den freien Platz und sagt: „Eins“.
- Das Kind, das rechts von dem freien Platz sitzt, rutscht auf den nun frei gewordenen Platz und ruft „Zwei“.
- Auch das nächste Kind rutscht einen Platz weiter und ruft: „Drei – Ich wünsche mir die/den ... herbei.“
- Nun muss das genannte Kind schnell auf den freien Stuhl eilen.

Gefährliches Gewässer überqueren

- Die Kinder finden sich zu dritt zusammen.
- Alle Kinder stellen sich in einen großen Kreis um ein imaginäres Meer.
- Die ersten 3 Kinder überqueren das sehr gefährliche Gewässer. Sie haben als Hilfsmittel 3 Teppichfliesen zur Verfügung, die sie als Inseln verwenden können.
- Mithilfe dieser 3 Teppichfliesen bewegen sich die 3 Kinder auf die gegenüberliegende Seite. Um vorwärts zu kommen, können 2 Kinder auf einer Teppichfliese Halt finden und die freie Fliese ein Stück weiterschieben.
- Wenn die 3 Kinder an der anderen Seite angekommen sind, beginnen die nächsten 3 Kinder mit der Überquerung des Gewässers.

Paare finden sich

- Der Lehrer hat in einer Schachtel Karten mit Namen der Tiere.
- Jedes Tier ist zweimal vorhanden.
- Alle Karten haben angeklebte Sicherheitsnadeln zum Befestigen. Die Kinder stehen im Kreis.
- Der Lehrer nimmt die Schachtel und heftet die Namen der Tiere am Rücken der Kinder fest.
- Die Kinder laufen nun durch die Klasse und finden sich in den Paaren zusammen.

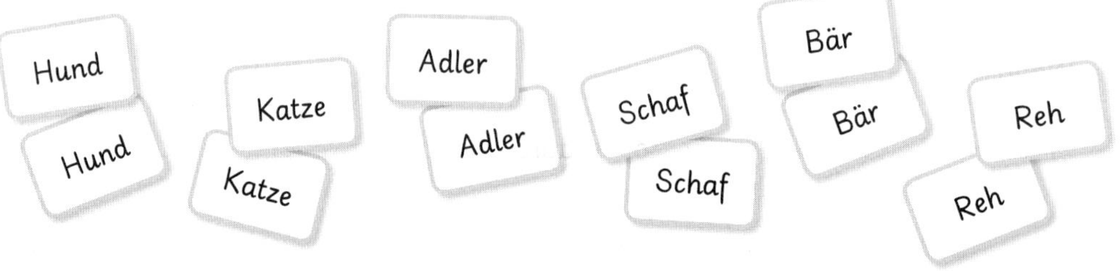

Alle machen es nach

- Die Kinder stehen neben- oder hintereinander.
- Der Lehrer spielt Instrumentalmusik ab.
- Ein vorher genanntes Kind in der vordersten Reihe bewegt sich zur Musik. Alle anderen Kinder schauen auf das Kind und machen die Bewegungen nach.
- Dann wird gewechselt und ein anderes Kind macht die Bewegungen vor.

Mützenquatsch

- Die Kinder stehen im Raum.
- Ein Kind setzt eine Mütze oder eine Kappe auf.
- Die anderen Kinder machen alles nach, was das Kind mit der Mütze oder Kappe macht.
- Nach wenigen Minuten gibt das Kind die Mütze oder die Kappe an ein anderes Kind ab.
- Nun machen wiederum die Kinder alles nach, was dieses Kind macht.
- So geht es immer weiter.

Was ich nicht mag

- Die Kinder sitzen auf ihren Plätzen.
- Ein Kind stellt sich vor die Klasse und sagt: „Ich mag kein ..., aber ...“. Es sagt zuerst ein Wort, das mit einem Buchstaben beginnt, den es nicht mag, und dann ein Wort, das mit einem Buchstaben beginnt, den es mag, z. B. „Ich mag keinen Kakao, aber Milch.“ Das bedeutet, dass die anderen Kinder ein neues Wort mit K nennen sollen, welches das Kind nicht mag. Was es dann mag, muss mit einem anderen Buchstaben beginnen und soll zu dem erst genannten Wort inhaltlich passen.
- Das nächste Kind sagt dann z. B.: „Du magst keine Kartoffeln, aber Nudeln.“ Das Kind, das vorne steht, nickt, wenn das Gesagte richtig ist. Dann sagt ein weiteres Kind z. B.:
  - Du magst keine Klöße, aber Reis.
  - Du magst kein Kaugummi, aber Lakritz.
  - Du magst keinen Käse, aber Wurst.
  - Du magst keine Kniestrümpfe, aber Söckchen.

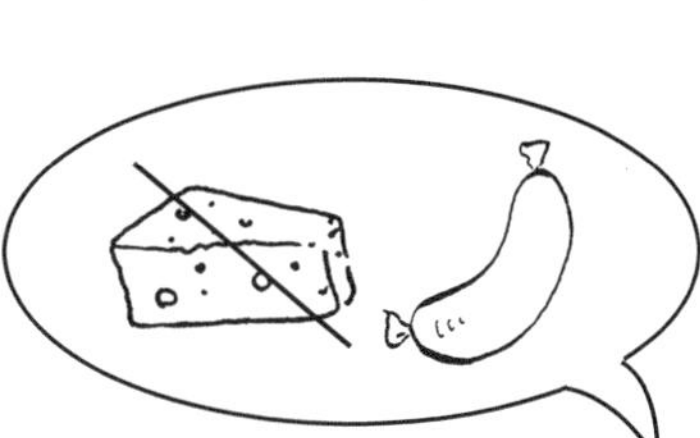

- Wenn alle Kinder einen Beitrag geleistet haben, dann wird gewechselt. Ein anderes Kind darf sich vor die Klasse stellen und sagen, was es nicht mag und was es mag, und dabei einen anderen Buchstaben durch einen Satz vorgeben, wie z. B. „Ich mag keine Erdbeeren, aber Bananen.“

Nähe oder Entfernung

- Die Kinder stehen im Kreis.
- In der Mitte liegt ein Stein, der verschiedene Fächer/Dinge symbolisiert.
- Ein Kind beginnt und sagt: „Mathematikunterricht“.
- Die Kinder stellen sich entweder nah an den Stein heran oder entfernen sich davon – je nachdem, ob sie das Fach mögen oder nicht. Der Reihe nach erklären sie, warum sie sich weit weg oder nah heran gestellt haben.
- Nun nennt das nächste Kind einen anderen Begriff, der in irgendeiner Weise mit der Schule zu tun hat.
- Dann stellen sich die Kinder wieder in einem entsprechenden Abstand auf, drücken dadurch Sympathie oder Antipathie zu dem Gegenstand aus und erklären ihre Entscheidung.

Gesprächskarussell am Montag

- Die Kinder teilen sich in 2 Gruppen auf.
- Eine Gruppe bildet einen Innenkreis. Die andere Gruppe bildet um die Gruppe einen Außenkreis.
- Die Kinder im Innenkreis schauen die Kinder im Außenkreis an, sodass jedes Kind einen Gesprächspartner hat. Leise und rücksichtsvoll erzählen sich die beiden gegenüberstehenden Kinder, was sie am Wochenende erlebt haben.
- Nach 3 Minuten ertönt ein Signal. Dann gehen die Kinder im Außenkreis 2 Schritte nach links, sodass jedes Kind nun einen neuen Gesprächspartner hat.
- Nach 3 Minuten erfolgt für die Kinder des Außenkreises wiederum das Signal, 2 Schritte nach links zu gehen.
- So geht es immer weiter, bis die Kinder des Außenkreises wieder da angekommen sind, wo sie am Anfang gestanden haben.

Montagmorgenkreis

- Die Kinder sitzen im Kreis.
- Sie stellen der Reihe nach in einer Bewegung oder durch eine Körperhaltung dar, was sie am Wochenende gemacht haben.
- Die anderen Kinder sollen erraten, wie jedes einzelne Kind die Freizeit verbracht hat.
- Erst wenn alle Kinder ihre Aktivitäten den anderen durch Bewegungen oder Körperhaltungen dargestellt haben, ist das Spiel zu Ende.

Gemeinsamkeiten finden

- Die Kinder sitzen im Kreis.
- Ein Kind wird ausgewählt.
- Alle Kinder stehen auf und das Kind ruft: „Alle dürfen sich setzen, die genau wie ich ... haben." (z. B. einen roten Pullover, Geschwister, ein Fahrrad).
- Die Kinder, die die Gemeinsamkeiten haben, dürfen sich auf den Platz setzen.
- Das Kind darf noch zweimal eine Gemeinsamkeit feststellen lassen. Danach ist ein anderes Kind an der Reihe, das mit den Kindern Gemeinsamkeiten sucht.

Gemeinsamkeiten entdecken

- Die Kinder sitzen im Kreis.
- Ein Kind wird ausgewählt und beginnt.
- Es nimmt ein Seilchen oder ein stabiles Band in die Hand und bestimmt, wer auf der gegenüberliegenden Seite das andere Ende in die Hand nehmen soll.

- Die anderen Kinder benennen nun Gemeinsamkeiten, die beide miteinander verbindet.
- Dann ist ein anderes Kind an der Reihe.

Wo ist das Klassenbuch?

- Die Kinder sitzen auf ihren Plätzen.
- Ein Kind beginnt. Es geht vor die Tür.
- Ein anderes Kind versteckt vor den Augen aller einen wichtigen Gegenstand der Klasse, z. B. das Klassenbuch, den Tafellappen, den Klassenschlüssel oder etwas anderes.
- Dann geht es zur Tür und bittet das Kind, das draußen steht, herein.
- Alle Kinder rufen: „Wo ist das Klassenbuch?" Das hereingeholte Kind muss nun suchen. Es bleibt an einer Stelle stehen, schaut sich um und fragt: „Ist es auf der Fensterbank?" Die anderen Kinder antworten „ja" oder „nein". Das Kind fragt weiter: „Ist es unter...?", „Ist es neben ...?", Ist es über ...?", „Ist es im ...?".
- Wenn das Kind den Gegenstand gefunden hat, ist das nächste Kind an der Reihe und geht vor die Tür.
- Ein anderes Kind versteckt nun vor den Augen aller den Gegenstand noch einmal an einer anderen Stelle.

Wir haben etwas versteckt, das dir gehört

- Die Kinder sitzen an ihren Plätzen in der Klasse.
- Ein Kind wird ausgewählt und es legt einen Gegenstand, der ihm gehört, auf den Tisch, z. B. das Federmäppchen, das Lineal, den Farbkasten.
- Das Kind verlässt für einen Augenblick die Klasse, in der die Kinder den Gegenstand verstecken.
- Auf ein Zeichen darf das Kind wieder in die Klasse kommen. Es schaut sich um und geht in eine Richtung. Die anderen Kinder lenken es durch Äußerungen wie „kalt“, „warm“, „heiß“ zu der richtigen Stelle. Das Kind nimmt seinen Gegenstand mit zu seinem Platz.
- Dann darf das nächste Kind einen Gegenstand auf den Tisch legen, der ihm gehört, der dann von den anderen versteckt wird.

Achtsamkeitsübungen für Freude und Dank

- Die Kinder sitzen im Kreis.
- Ein Kind beginnt und sagt: „Ich habe heute etwas Schönes gesehen.“ Es erklärt, was es gesehen hat und warum das Gesehene schön ist. Dann legt es fest, welches Kind an der Reihe ist.
- Das Kind beginnt ebenfalls mit den Worten: „Ich habe heute etwas Schönes gesehen.“

> Dieses Spiel kann immer wieder mit anderen Schwerpunkten zur Sensibilisierung eingesetzt werden. An einem anderen Tag beginnt ein Kind mit den Worten: „Ich freue mich über ... und bin dankbar für ...“.

Geburtstagskind

- Die Kinder sitzen auf ihren Plätzen in der Klasse.
- Das Geburtstagskind steht von seinem Platz auf und läuft kreuz und quer durch die Klasse.
- Dazu singen alle Kinder das Lied „Du bist heut´ das Geburtstagskind“.
- Das Geburtstagskind sucht sich ein Kind aus, tippt es an und nimmt es an die Hand.
- Dann läuft es wieder durch die Klasse und wählt ein anderes Kind aus.
- Das Geburtstagskind sucht sich ein weiteres Kind aus, das sich an das vorherige anhängt.
- Die Kinder können bei dem Spiel auch im Kreis stehen. Dann läuft das Geburtstagskind außen herum und tippt nach und nach Kinder an, die mit ihm außen um den Kreis herumgehen.

Sitztanz

- Die Kinder setzen sich in einen Stuhlkreis und rücken mit den Knien eng zusammen. Sie sprechen den Text des Kinderliedes „Hänschen klein“ entweder rhythmisch oder singen ihn nach der bekannten Melodie.

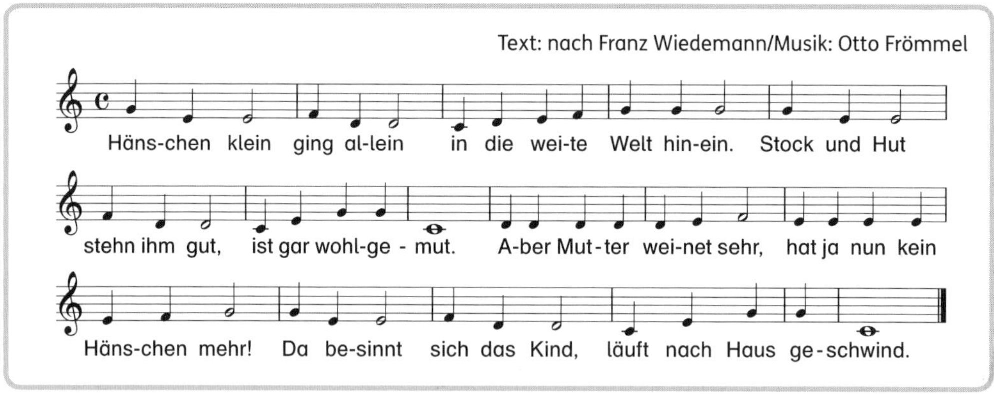

- Zu jeder Zeile üben sie folgende Bewegungen ein:
  - die Hände zweimal auf die eigenen Oberschenkel und zweimal auf den rechten Oberschenkel des linken Nachbarn und auf den linken Oberschenkel des rechten Nachbarbarn klopfen und das Ganze noch einmal wiederholen, zweimal mit der rechten Hand auf die eigene linke Schulter und zweimal mit der linken Hand auf die eigene rechte Schulter klopfen und zweimal mit beiden Händen auf die eigenen Oberschenkel und zweimal über Kreuz auf die eigenen Oberschenkel klopfen,
  - zweimal mit den Fingern der rechten Hand schnipsen, zweimal mit den Fingern der linken Hand schnipsen, danach die Hände zusammenballen und mit den Daumen zweimal an die rechte Schulter und zweimal an die linke Schulter tippen,
  - die rechte Hand an das rechte Ohr legen, die linke Hand an das linke Ohr legen, zweimal in die Hände klatschen und die Hände auf die Oberschenkel legen,
  - beide Hände über die Augen halten, die Hände nebeneinander halten mit den Handflächen zum Körper und schließlich die Hände über Kreuz auf die Brust legen.
- In ähnlicher Weise können auch zu anderen Kinderliedern oder zu Instrumentalmusik passende Bewegungen für einen Sitztanz überlegt werden.

Akrostichon: Ärger/Langeweile

- Die Kinder stehen vor einer Tafel oder einer Wand, an der ein großes Papier hängt.
- Lehrer schreibt senkrecht „Ärger“ oder „Langeweile“ auf.
- Die Kinder schreiben waagerecht ihre Gedanken und Gefühle dazu auf.
- Dabei nutzen sie die jeweiligen Anfangsbuchstaben.

Ä rger
R ichtig wütend bin ich dann
G eht aber bald wieder weg
E rst muss aber alles geklärt werden, damit der Ärger wegfliegen kann
R ichtig gut geht es mir dann wieder

L angeweile
A
N
G
E
W
E
I st ganz schön doof
L ieber übernehme ich etwas oder spiele
E

Stadtmäuse und Waldmäuse

- Für das Brettspiel muss der Spielplan mehrmals kopiert werden. Es geht um Waldmäuse, die sich auf den Weg machen, die Stadtmäuse zu besuchen.
- Die Kinder finden sich in kleinen Gruppen um einen Spielplan zusammen. In der Mitte liegen die Fragenkarten umgedreht, sodass sie nicht zu lesen sind.
- Jedes Kind würfelt einmal. Das Kind mit der höchsten Zahl beginnt mit dem Spiel. Es würfelt noch einmal und setzt seine Spielfigur die entsprechenden Punkte weiter. Kommt die Spielfigur an eine markierte Station, dann nimmt das Kind eine Fragenkarte und formuliert eine Antwort. Alle Fragen drehen sich um den gemeinsamen Weg der Waldmäuse in die Stadt und um das Zusammensein mit den Stadtmäusen. Es gibt keine falsche Antwort. Das Spiel ist zu Ende, wenn alle Kinder am Ziel angekommen sind.
- Wenn ein Kind keine Antwort formulieren kann, dann dürfen die anderen Kinder helfen.

START
ZIEL

Welches Geschenk könntest du den Stadtmäusen mitbringen?	Wie kannst du einer Waldmaus helfen, die unterwegs nicht mehr gut laufen kann?
Woran könnte es liegen, dass sich eine Stadtmaus gar nicht freut, wenn du mit den anderen Waldmäusen zu Besuch kommst?	Wovor haben die Stadtmäuse möglicherweise Angst, wenn die Waldmäuse zu Besuch kommen?
Was möchtest du von den Stadtmäusen gerne wissen?	Woher weißt du, über welches Geschenk sich die Stadtmäuse freuen?
Woran erkennst du, dass sich die Stadtmäuse über euren Besuch freuen?	Was gefällt dir daran, die Stadtmäuse zu besuchen?
Wer bestimmt bei euch Waldmäusen, wohin der Weg führt?	Wie möchtest du von den Stadtmäusen empfangen werden?
Was möchtest du am liebsten mit den Stadtmäusen unternehmen?	Wer hat bei euch Waldmäusen am meisten zu sagen?
Worüber freuen sich die Stadtmäuse?	Wie begrüßt du die Stadtmäuse?
Worauf bist du neugierig, wenn ihr endlich bei den Stadtmäusen angekommen seid?	Warum freust du dich auf den Besuch bei den Stadtmäusen?
Wie kannst du die gute Stimmung unterwegs bei den Waldmäusen aufrechterhalten?	Wie verhältst du dich, damit dich die anderen Waldmäuse mögen?
Was würdest du erzählen, wenn du bei den Stadtmäusen eine Begrüßungsrede halten müsstest?	Was könnten sich die Stadtmäuse wohl einfallen lassen, um mit euch Waldmäusen einen schönen Tag zu verbringen?
Was sagst du den anderen Waldmäusen, wenn sie zu schnell laufen und du nicht mehr mitkommst?	Was hättest du für den Besuch bei den Stadtmäusen vorbereitet, wenn du der Anführer der Waldmäuse wärst?

Spiele zur Verbesserung des Klassenklimas

Kinder können schnell unruhig werden, wenn das Klassenklima schlecht ist. Wo viele Kinder zusammen sind, entwickeln sich Frustration, Missverständnisse oder Streitigkeiten. Einige Kinder können besser mit Frustration umgehen und lassen sich nicht reizen, andere fühlen sich schon allein durch Blicke provoziert und reagieren entsprechend. Manchmal sitzt ein Kind verstört auf seinem Platz und will nicht verraten, warum es sich so verhält.

Wichtig ist, dass die Kinder ihre Stimmung wahrnehmen und beschreiben können. Sie sollen aber auch lernen, die anderen wahrzunehmen, sich wertschätzend über andere zu äußern, aufeinander einzugehen und gemeinsam etwas zu erreichen.

Die nachfolgenden Übungen können bei schwierigen Situationen eingesetzt werden, um

- sich besser kennenzulernen
- freundlich miteinander umzugehen
- positive Verhaltensweisen zu trainieren
- Mobbing zu durchbrechen
- gegenseitige Wertschätzung zu üben
- aufeinander einzugehen
- Gespräche störungsfrei zu führen
- Teamfähigkeit auszubilden
- aufeinander einzugehen
- gemeinsam zu handeln
- das Klassenklima zu verbessern

Wetterbericht

- Die Kinder sitzen im Kreis.
- In der Mitte liegen Wetterkarten.
- Der Reihe nach nimmt ein Kind eine Wetterkarte in die Hand und sagt z. B.:
  - Ich habe die Sonne gewählt, weil es mir gut geht und ich in der Mathematikarbeit eine gute Note erreicht habe.
  - Ich habe die Wolken genommen, weil ich die Aufgaben nicht verstanden habe.
  - Ich habe mich für das Gewitter entschieden, weil ich Streit mit meinem Freund habe.

Feedbackkarte

- Die Kinder sitzen im Kreis.
- In der Mitte liegen Feedbackkarten, entweder für Lob und Zustimmung oder um den eigenen Unmut über bestimmte Ereignisse zu beklagen oder um sich selbst zu entschuldigen.
- Der Reihe nach wählt ein Kind einen Satzanfang aus und vollendet ihn.
- Das Kind kann sich dabei direkt an ein anderes Kind wenden oder sich auch allgemein äußern.
- Wenn sich Kinder anschließend versöhnen, dann sollen sie das durch einen Handschlag besiegeln.

Lob und Zustimmung

Ich habe mich sehr gefreut, als ...	Mir hat gefallen, dass ...
Ich habe gesehen, dass ...	Ich fand es gut, dass ...
Ich kann mir gut vorstellen, dass ...	Ich kann dich verstehen, wenn ...

Unmut beklagen oder sich entschuldigen

Ich habe eine Bitte an dich ...	Ich möchte dir endlich sagen, dass ...
Ich möchte das nicht mehr erleben ...	Ich habe nicht gewollt, dass ...
Es tut mir leid, dass ...	Mir gefällt gar nicht, wenn ...

Immer ruhig bleiben

- Die Kinder stehen im Kreis.
- 2 Kinder, die sich gegenüberstehen, werden bestimmt.
- Ein Kind spielt den Aggressor. Das andere Kind spielt den Ruhigen.
- Die beiden nehmen Augenkontakt auf, laufen los, gehen dicht aneinander vorbei bis zu der Lücke, in der vorher das andere Kind gestanden hat, und bleiben dann dort stehen.
- Sie beobachten sich die ganze Zeit und das ruhige Kind bleibt freundlich, auch wenn das andere Kind provozierend schaut oder freche Grimassen zieht.
- Die beiden Kinder bestimmen anschließend die Nächsten, wobei das eine Kind wieder den Aggressor und das andere den Ruhigen spielt, auch wenn es sich gereizt fühlt.
- Die Kinder wechseln anschließend die Rollen, sodass jedes Kind einmal den Aggressor und einmal den Ruhigen darstellen kann.
- Nach dem Spiel reflektieren die Kinder, wie sie sich gefühlt haben.

Bad Boy und Bad Girl

- Die Kinder sitzen in der Klasse auf ihren Plätzen.
- Ein Kind wird als Retter bestimmt und ein Kind als Bad Boy oder Bad Girl ausgewählt.
- Bad Boy oder Bad Girl geht an den Kindern vorbei und bleibt vor einem Kind stehen.
- Bad Boy sagt: „Ich bin Bad Boy und ich bin der Stärkste“ und baut sich vor dem Kind auf oder Bad Girl sagt: „Ich bin Bad Girl und ich bin die Coolste“ und schaut herablassend auf das Kind herunter und provoziert eine Minute lang das Kind durch Mimik und Gestik.
- Dann kommt ein Retter und beruhigt die Situation.
- Er spricht ganz ruhig mit dem Kind am Platz und auch mit Bad Boy oder Bad Girl und fragt, wie es ihnen geht, wodurch sie sich gestört fühlen und was sie beabsichtigen zu tun.
- Nun werden die Rollen getauscht.

Brummling, rede mit mir

- Die Kinder sitzen in der Klasse an ihren Plätzen.
- Ein Kind wird als „Brummling“ ausgewählt und setzt sich allein in eine Ecke oder an eine Seite der Klasse.
- Es soll nun die ganze Zeit ein brummiges Gesicht machen.
- Der Reihe nach geht jeweils ein Kind zu ihm und versucht, freundlich, fröhlich oder auch ernsthaft mit dem Brummling zu reden.
- Wenn der Brummling nicht mehr ein brummiges Gesicht macht, lachen muss oder eine Antwort gibt, dann wird ein anderes Kind als Brummling ausgewählt.
- So geht es immer weiter, bis alle Kinder einmal der Brummling waren.

Was mir an dir gefällt

- Die Kinder sitzen im Kreis.
- In der Mitte steht eine Schachtel, in der die Namen aller Kinder sind.
- Jedes Kind zieht einen Zettel mit einem Namen.
- Das erste Kind beginnt und sagt, was es an dem Kind mag, dessen Name es in der Hand hat.
- So geht es immer weiter.
- Anschließend legen die Kinder die Namenschilder wieder in die Schachtel zurück.

Das Zauberwort

- Die Kinder sitzen im Kreis. Ein Bleistift soll den Zauberstab darstellen. Ein Kind nimmt den Zauberstab in die Hand, steht auf, geht zu einem Kind und sagt:
  Nenne mir das Zauberwort,
  für uns Kinder hier vor Ort,
  wie wir alle Frieden finden
  und uns freundschaftlich verbinden.
- Das Kind äußert nun seinen Vorschlag, wie die Kinder der Klasse noch besser zusammenleben und lernen können. Dann darf dieses Kind den Zauberstab in die Hand nehmen, den Vers sagen und ein Kind bitten, seinen Vorschlag zu formulieren.

Wie wir gut miteinander umgehen können

- Die Kinder sitzen im Kreis.
- Der Lehrer stellt die Frage: „Wir können wir gut miteinander umgehen?“
- Immer 2 Kinder murmeln leise miteinander und formulieren einen gemeinsamen Vorschlag.
- Nach 2 Minuten ertönt ein Signal und die Partner stellen ihren Vorschlag vor.

Was mir nicht behagt

- Die Kinder sitzen im Kreis. Das erste Kind beginnt und sagt den Spruch:
  Ich bin ich und du bist du.
  Pass gut auf und hör mir zu.
- Dann erläutert das Kind eine Begebenheit, die ihm in den letzten Tagen aufgefallen, aber nicht gefallen und das Klima in der Klasse belastet hat.
- Wer dazu eine weitere Erklärung abgeben möchte, kann das in freier Abfolge tun.
- Wenn niemand mehr dazu Stellung bezieht, ist das nächste Kind an der Reihe.
- Es sagt wieder den Spruch und erläutert das, was ihm nicht gefallen hat und was das Klima in der Klasse belastet.

Steine und Blumen auf dem Weg

- Die Kinder sitzen im Kreis.
- In der Mitte liegt ein Seil, das den Lebensweg symbolisieren soll.
- Daneben steht eine Schachtel mit Steinen und eine mit künstlichen Blüten.

- Das erste Kind beginnt. Es sagt z. B.: „Auf meinem Lebensweg liegt ein Stein, weil meine Oma gestorben ist“. Es nimmt einen Stein und legt ihn an das Seil.
- Das nächste Kind sagt, dass ein Stein auf seinem Lebensweg liegt und erläutert die Aussage. So geht es immer weiter.
- Wenn alle Kinder einen Stein an den Lebensweg gelegt haben, dann nimmt das erste Kind eine Blüte und sagt z. B.: „Auf meinem Lebensweg liegt eine Blume, weil ich beim letzten Fußballspiel mit meinem Verein ein Tor geschossen habe.“
- Das nächste Kind sagt, dass eine Blume auf seinem Lebensweg liegt, und erläutert die Aussage.
- So geht es immer weiter, bis alle Kinder etwas gesagt haben.

Spitznamen erfinden

- Die Kinder sitzen im Kreis.
- Ein Kind beginnt und soll für seinen rechts sitzenden Nachbarn einen Spitznamen erfinden, z. B. Lustikus,Ieksschnute, Mathematikus, Sternengucker, Leckermäulchen, Meisterzauberer, Musikfee, Hundeflüsterer, Pferdeträumer.
- Es begründet, warum es den Spitznamen gewählt hat – denn der Name soll zu den Kindern passen.
- Nun ist das Kind an der Reihe, das gerade von seinem Nachbarn einen Spitznamen erhalten hat. Es soll für das rechts sitzende Kind einen Spitznamen erfinden.

Es dürfen keine Spitznamen gewählt werden, die ein Kind beleidigen oder lächerlich machen. Vielmehr sollen durch die Spitznamen Vorlieben, Eigenschaften oder Talente der Kinder in wertschätzender Art hervorgehoben werden.

Wenn ich ein Tier wäre

- Die Kinder sitzen im Kreis.
- Ein Kind beginnt und sagt: „Ich wäre gerne ein … . Dann könnte ich …..“
- Es erläutert, welches Tier es gerne sein möchte und was es dann tun würde oder tun könnte.
- Das Kind bestimmt nun ein anderes Kind, das ebenfalls erläutert, welches Tier es gerne sein möchte und was es dann tun würde oder tun könnte. So geht es immer weiter, bis alle Kinder etwas gesagt haben.
- Jüngere Kinder konzentrieren sich nur auf ihren eigenen Beitrag. Ältere Kinder können wiederholen, was die Kinder vorher gesagt haben und erst dann den eigenen Beitrag ergänzen.

Der Lorbas will nur Spaß machen

- Die Kinder sitzen auf ihren Plätzen.
- Ein Kind beginnt und tritt vor die Klasse.
- Es sagt: „Ich bin der Lorbas und ich mach nur Spaß. Ich werde jetzt …“ und macht dabei Verrenkungen.
- Er kündigt etwas Gemeines oder Boshaftes an, das er einem anderen Kind antun würde, z. B.:
  - Ich werde dem Max ein Beinchen stellen, wenn er in der Pause über den Schulhof rennt.
  - Ich werde der Sarah das Frühstücksbrot wegnehmen und aufessen.
- Daraufhin sagen die Kinder im Chor: „Lorbas, Lorbas, lass das sein, das ist schäbig und gemein.“
- Nun äußern sich einzelne Kinder und erklären, warum das kein Spaß, sondern schäbig und gemein ist.
- Der Lorbas entscheidet, wer ihn ablösen soll. Das kann ein Kind sein, das ein gutes Argument vorgebracht hat.

Stimmungsbarometer in Bewegung

- An der Wand hängt ein Stimmungsbarometer. Das ist ein Plakat, auf dem die unterschiedlichen Smileys zu sehen sind, von lachend bis traurig.
- Die Kinder haben je eine Wäscheklammer aus Holz, auf der ihr Name steht. Zu Beginn des Unterrichts stecken die Kinder die Klammern an ein Gesicht, das ihre Stimmung widerspiegelt.
- Im weiteren Verlauf des Unterrichts können sie die Wäscheklammer an eine andere Stelle stecken.
- Wenn der Lehrer bemerkt, dass ein Kind seine Klammer an das Gesicht „Ich fühle mich nicht wohl“ steckt, dann kann er sich leise dem Kind zuwenden, um den Grund zu erfahren.
- Wenn er aber bemerkt, dass mehrere Kinder ihre Klammern an diese Stelle stecken, dann kann er den Unterricht unterbrechen und die Situation klären.

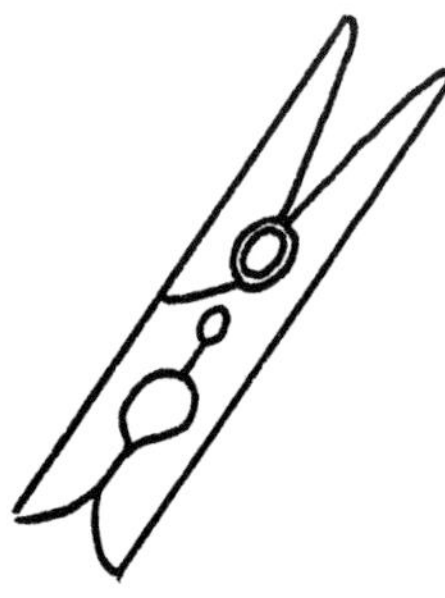

Kinderrechte

- Die Kinder sitzen im Kreis.
- Ein Kind läuft in der Mitte herum spricht dabei den Vers:
  Kinderrechte sollst du kennen.
  Eines sollst du mir benennen.
  Jedes einzelne ist richtig
  und für alle Kinder wichtig.
- Das Kind bleibt an einem Platz stehen, tippt ein Kind an und fordert es auf, ein Kinderrecht zu nennen, z. B. Recht auf Gleichheit. Das Kind kann das Recht erläutern. Es kann aber auch die anderen Kinder darum bitten.
- Das Kind darf nun aufstehen, im Kreis herumgehen und den Vers sprechen. Das andere Kind, das vorher den Vers gesagt hat, setzt sich auf den frei gewordenen Platz.
- So geht es immer weiter.

Tippkarten mit einigen Kinderrechten sollen in einer Schachtel vorhanden sein, damit jedes Kind etwas sagen kann.

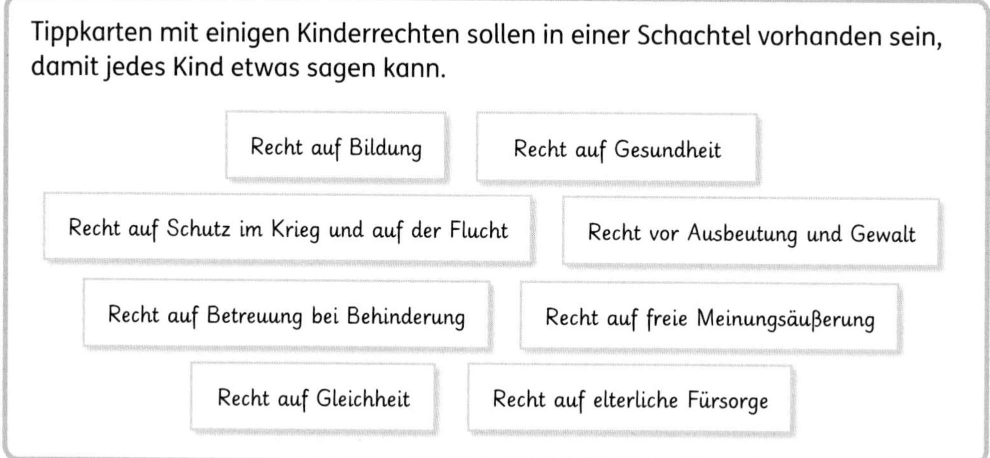

Ich fordere die Einhaltung meiner Rechte

- Der Lehrer stellt nach einer Streitsituation 2 oder mehrere Stühle auf.
- Darauf setzen sich die Kinder, die in den Streit involviert waren.
- Jedes Kind sagt, gegen welches Kinderrecht hier verstoßen wurde, und fordert die Einhaltung seiner Rechte ein.
- Dann wird diskutiert.
- Die anderen Kinder schauen zunächst zu. Nach einiger Zeit können sie Tipps zur Verbesserung der Situation geben.

Die Kinder sollen den Streit nicht kommentieren und sich auch nicht positionieren.

Bekenntnis gegen Streit

- Die Kinder finden sich in einem Stehkreis zusammen.
- Ein Kind beginnt und sagt:
  Streit, Streit, Streit,
  es ist wieder soweit.
  Wut, Wut, Wut,
  das tut uns gar nicht gut.
  Wir wollen jeden respektieren,
  uns gegenseitig akzeptieren,
  das Miteinander praktizieren.
- Den letzten Satz sprechen alle Kinder mit.
- Das Kind sagt allein: „Ich werde mich daran halten." Es tippt ein anderes Kind an.
- Das spricht den Text und sagt anschließend allein, dass es sich daran halten wird.
- So geht es immer weiter.

Mein Herz ist zerbrochen

- Die Kinder stehen im Kreis. Ein Kind läuft außen herum und sagt:
  Mein Herz ist zerbrochen.
  Ich habe kein Glück
  und leide seit Wochen.
  Bring du mich zurück.
- Das Kind bleibt hinter einem anderen Kind stehen und tippt es an.
- Das andere Kind dreht sich um und fragt: „Was ist denn geschehen?"
- Das außen stehende Kind erläutert eine Begebenheit. Das andere Kind sagt etwas Tröstendes und geht dann mit dem Kind.
- Die beiden laufen außen herum und sagen den Vers. Sie bleiben hinter einem anderen Kind stehen und das erste Kind tippt es an.
- So geht es immer weiter.

Du-Botschaften in Ich-Botschaften verändern

- Die Kinder schreiben auf kleine Karteikarten böse Bemerkungen, die jemand einmal zu einem Kind gesagt hat und durch die sich ein Kind verletzt fühlt, z. B.:
  - „Du Blödmann, glotz mich nicht so an.
  - Hau bloß ab. Du Dussel hast schon wieder keine Hausaufgaben gemacht.
  - Oh Mann, was bist du blöd, du kannst ja nicht mal das Glas mit Wasser transportieren.
- Alle Karteikarten oder Zettel werden in ein Kästchen gelegt.
- Danach setzen sich die Kinder in den Kreis.
- Ein Kind nimmt eine Karteikarte und liest die Bemerkung vor. Die anderen Kinder machen Vorschläge, wie die negative Du-Botschaft in eine positive Ich-Botschaft verändert werden kann, wie z. B.:
  - Ich mag es nicht, wenn du mich die ganze Zeit anschaust.
  - Ich habe gesehen, dass du keine Hausaufgaben gemacht hast. Wenn du Hilfe brauchst, dann kannst du es mir sagen. Ich werde dann mit dir zusammen die Hausaufgaben machen.
- Dann ist das nächste Kind an der Reihe und nimmt eine weitere Karteikarte mit einer Bemerkung aus dem Kästchen und liest sie vor. Die Kinder finden Formulierungen, die positiv klingen.

Was kann ich tun?

- Die Kinder sitzen im Kreis.
- Der Lehrer hat einen Ball in der Hand und stellt die Frage: „Was kann jeder einzelne tun, damit alle Kinder in der Klasse gut miteinander auskommen?“
- Dann wirft er den Ball einem Kind zu.
- Das Kind sagt, welchen Beitrag es leisten kann, und wirft den Ball einem anderen Kind zu. Dieses Kind sagt, welchen Beitrag es leisten kann, und wirft den Ball einem anderen Kind zu, das seinen Beitrag formuliert.
- So geht es immer weiter.

Stumme Lösungen

- Die Kinder stehen vor einer Wand, an der ein großes Papier hängt, oder vor einer Tafel.
- Sie werden gebeten, zu einer vorausgegangenen Unterrichtsstörung oder zu einem konkreten Streit Lösungen vorzuschlagen.
- Ein Kind beginnt und schreibt einen Satz oder einige Stichworte auf.
- Das nächste Kind kann sich direkt auf den Satz beziehen, einen Pfeil daran machen und deutlich machen, dass es den gleichen Vorschlag hat. Es kann aber auch einfach eine eigene neue Lösung notieren.
- So geht es immer weiter.
- Wenn alle Kinder etwas notiert haben, dann lesen sie noch einmal die Vorschläge und diskutieren darüber.

Der Friedenstifter

- Die Kinder stehen im Kreis. Ein Kind geht innen im Kreis herum und spricht den Vers:
  Der Friedenstifter geht herum,
  er schaut gut hin und bleibt nicht stumm.
  Sein Ziel ist hier und jetzt und immer
  ein friedlich-frohes Klassenzimmer.
- Das Kind bleibt vor einem anderen Kind stehen, tippt es an und sagt:
  Erzähle mir von deinen Sorgen
  und trage sie nicht noch bis morgen.
- Das Kind erzählt von einer Situation, die ihm nicht gefallen hat. Die anderen Kinder dürfen keinen Kommentar dazu abgeben.
- Danach ist dieses Kind der Friedenstifter, geht innen im Kreis herum und spricht den Vers.
- Wenn alle Kinder von schwierigen Situationen erzählt haben, dann findet ein gemeinsames Gespräch statt, bei dem nach und nach in kleinen Gruppen oder in Einzelgesprächen Lösungen erarbeitet werden.

Die Gespräche können dabei 3 Phasen durchlaufen:
1) Mitfühlen
2) Die Gefühle versprachlichen
3) Hilfe anbieten, um die jeweilige Situation zu verbessern

Zwiegespräch

- Die Kinder finden sich zu zweit zusammen und setzen sich gegenüber hin.
- Kind A erzählt von einem Streit zwischen Kindern oder einer anderen Situation, die ihm nicht gefallen hat.
- Kind B wiederholt das Gehörte und fragt nach, ob es alles richtig verstanden hat.
- Kind A meldet zurück, ob alles richtig ist, oder es korrigiert die Aussage.
- Dann fragt Kind B, was sich Kind A in dieser Angelegenheit wünscht.
- Es fragt aber auch, ob es seine Meinung dazu sagen darf.
- Kind A äußert seinen Wunsch oder fragt nach der Meinung des Kindes.
- Dann wird gewechselt.
- Kind B erzählt von einem Streit oder die Kinder finden sich in neuen Partnerkonstellationen zusammen.

Akrostichon Unterrichtsstörungen

- Die Kinder stehen vor einer Tafel oder einer Wand, an der ein großes Papier hängt.
- Der Lehrer schreibt senkrecht das Wort „Unterrichtsstörungen" auf.
- Die Kinder schreiben waagerecht Gründe für Unterrichtsstörungen in Stichworten auf.
- Dabei nutzen sie die jeweiligen Anfangsbuchstaben.

U nterrichtsstörungen
N iemand fragt, wie es mir geht
T otal gereizt und genervt
E infach nur albern gewesen
R ichtig sauer auf alle gewesen
R ücksichtsloses Verhalten
I mmer meckern alle an mir herum und ich bin dann der Blödmann
C haos im Kopf
H auptsache Spass gehabt
T ierische Wut
S treit schon am frühen Morgen zu Hause gehabt
S
T
Ö
R
U nruhe von draußen störte uns alle bei der Arbeit
N
G
E ntschuldigung
N un werde ich mich besser beherrschen

Akrostichon Mobbing

- Die Kinder stehen vor einer Tafel oder einer Wand, an der ein großes Papier hängt.
- Der Lehrer schreibt senkrecht „Mobbing“ auf.
- Die Kinder schreiben waagerecht auf, was Mobbing bedeutet, was das Verhalten verursacht oder wie sich Kinder fühlen, die gemobbt werden.
- Dabei nutzen sie die jeweiligen Anfangsbuchstaben.

M obbing
O pfer und Täter sind ungleich
B eide sind in unterschiedlichen Situationen
B in keine Petze, wenn ich rede
I ch sage es sofort dem Lehrer, denn das hört sonst nie auf.
N icht schweigen, sondern Hilfe holen
G egenwehr

Gegen Mobbing

- Die Kinder sprechen darüber, was Mobbing ist und wie in der Situation Kinder miteinander umgehen, z. B. erpressen, unter Druck setzen, erniedrigen, ausgrenzen.
- Der Lehrer erklärt, dass sie sofort darüber sprechen müssen, wenn sie so etwas sehen oder erleben.
- Die Kinder sammeln oder erfinden einige Situationen und halten sie schriftlich auf kleinen Karteikarten in Stichworten fest.
- Nun beginnt das Spiel. Einige Kinder finden sich in einer kleinen Gruppe zusammen und entscheiden sich für eine Situation. Sie verteilen die Rollen und spielen eine Situation nach.
- Nun tauschen sie die Rollen und spielen die Situation noch einmal. Dabei soll der Mobber auch den Gemobbten spielen und umgekehrt.
- Anschließend sprechen sie darüber, wie sie sich als Gemobbter und Mobber gefühlt haben.
- Die anderen Kinder sind die Zuschauer und geben nun Tipps, wie die Situation zur Zufriedenheit aller gelöst werden könnte.
- Nun ist eine andere Gruppe an der Reihe, eine Situation auszuwählen und sie zu spielen.

Lebendiges Bild

- Die Kinder sitzen an ihren Plätzen.
- 3 Kinder werden ausgewählt.
- Ein Kind ist der „Erbauer eines lebendigen Bildes“ und stellt die anderen beiden Kinder vor der Klasse so auf, dass sie sich begegnen. Sie können sich freundlich anschauen, sie können sich umarmen, sie können sich aber auch mit der Faust bedrohen.
- Wenn der Erbauer mit seinem Bild zufrieden ist, dann bittet er die Kinder der Klasse, in beliebiger Reihenfolge zum „Bild“ zu gehen, einem der beiden Darsteller die Hand auf die Schulter zu legen und aus dessen Perspektive seine Gefühle und Gedanken zum Ausdruck zu bringen, z. B.:
  - Ich freue mich, dass Mira meine Freundin ist und ...
  - Ich fühle mich bedroht und weiß gar nicht, was ich machen soll.
  - Mir gefällt es gar nicht, dass Lena ...
- Wenn kein Kind mehr etwas sagen möchte, wählen die 3 Kinder 3 andere aus, die ein neues „lebendiges Bild“ gestalten.

Unter der Lupe

- Die Kinder nennen eine Streitsituation, die in der Klasse passiert ist, und noch nicht gelöst ist.
- Der Lehrer stellt 2 Stühle im Abstand von 2 bis 3 Metern gegenüber und setzt sich mit seinem Stuhl dazwischen.
- Er lässt zuerst das eine Kind und dann das andere Kind die Situation schildern. Kein anderes Kind darf mit Zwischenrufen stören.
- Dann fragt er die zuschauenden Kinder, ob sie etwas ergänzen möchten. Niemand, der etwas vorzubringen hat, darf unterbrochen werden.
- Anschließend bittet er die zuschauenden Kinder, den Streithähnen einen Tipp für eine Lösung zu geben. Niemand darf die Tipps kommentieren.
- Danach fragt sie die beiden sich gegenübersitzenden Kinder, welcher Tipp ihnen gut gefallen hat und ihnen weiterhilft, um ihren Streit zu klären.
- Nun fragt sie die beiden Streitenden, ob sie noch Klärungsbedarf haben oder ob ihr Problem gelöst ist.
- Wenn der Streit noch nicht beendet ist, dann dürfen beide Kinder noch einmal ihre Situation darstellen und die zuschauenden Kinder noch einmal Tipps geben.
- Die einzelnen Schritte werden dann noch einmal konsequent durchgespielt.

Wichtig ist, den Streit zu versachlichen und jedem Kind die Möglichkeit zu geben, seine Sichtweise darzustellen und zu einer Lösung beizutragen.
In einer akuten Streitsituation werden die Kinder oft noch sehr emotional reagieren. Aber nach und nach schaffen sie es, sachlich zu argumentieren.

Wie wir miteinander umgehen

- Der Lehrer kopiert das Brettspiel und die Stationskarten mehrmals, laminiert sie und bereitet sie für die Kinder auf. Er stellt auch Holzkegel bzw. Spielfiguren und Würfel zur Verfügung.
- Die Kinder finden sich zu zweit (evtl. auch zu dritt) zusammen. Die Stationskarten liegen umgedreht auf dem Tisch.
- Ein Kind beginnt mit dem Würfeln. Wenn es mit einer Spielfigur auf eine markierte Fläche kommt, nimmt es eine Stationskarte in die Hand, schaut das Bild an und formuliert eine Regel, wie es mit anderen respektvoll umgehen kann. Anschließend legt es die Stationskarte wieder unter den Stapel.
- Wenn die anderen Mitspieler damit einverstanden sind, geht das Spiel weiter. Dann ist das nächste Kind mit dem Würfeln an der Reihe.
- Wer als Erster im Ziel ist, hat gewonnen.

Stationskarten:

START
ZIEL

Akrostichon Gutes Klassenklima/Streit und Versöhnung

- Die Kinder stehen vor einer Tafel oder einer Wand, an der ein großes Papier hängt.
- Der Lehrer schreibt senkrecht „Gutes Klassenklima"/"Streit und Versöhnung" auf.
- Die Kinder schreiben waagerecht ihre Gedanken und Gefühle dazu auf.
- Dabei nutzen sie die jeweiligen Anfangsbuchstaben.

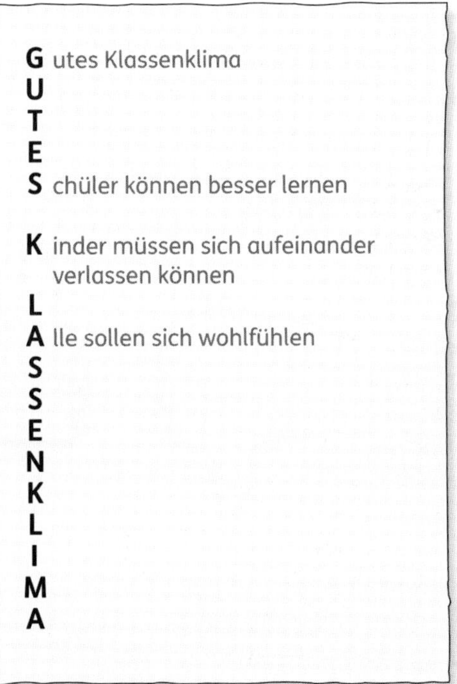

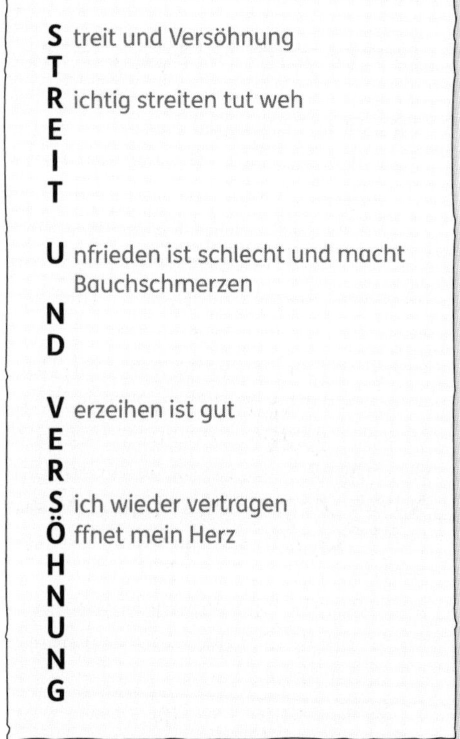

Achtsamkeitsübung zur gegenseitigen Wahrnehmung

- Die Kinder sitzen im Kreis.
- Ein Kind beginnt. Es sagt: „Mir fällt auf, dass ...". Es nennt einen Namen und was an dem Kind anders ist als sonst, z. B. „Mir fällt auf, dass Lena eine neue Brille hat."
- Dann ist Lena an der Reihe. Lena sagt z. B.: „Mir fällt auf, dass Leon beim Friseur war und seine Haare kürzer sind als vorher."
- Leon sagt nun z. B.: „Mir fällt auf, dass Maja heute einen neuen Pullover anhat."
- So geht es immer weiter, bis alle Kinder an der Reihe waren.

> Dieses Spiel kann jede Woche durchgeführt werden, weil sich immer etwas verändert.

Eine Geschichte ohne ....

- Die Kinder sitzen im Kreis.
- Jedes Kind ergänzt einen Satz, sodass alle gemeinsam eine Geschichte erzählen.
- Doch Wörter mit einem bestimmten Buchstaben, der vorher festgelegt worden ist, dürfen nicht genannt werden.

Schritte zum Frieden in der Klasse

- Die Kinder sitzen am Tisch.
- Jedes Kind stellt einen Fuß auf ein Zeichenblatt, zeichnet mit dem Bleistift die Umrisse und schneidet den Fußabdruck aus. Dann schreibt es in die Fußform hinein, was es selbst für ein friedliches Miteinander tun kann.
- Nun stellt sich das erste Kind vor die Klasse und liest sein Angebot für ein friedliches Miteinander vor.
- Die anderen Kinder können den Daumen nach oben halten, wenn für sie alles in Ordnung ist. Sie können den Daumen nach unten halten, wenn das Angebot für sie nicht in Ordnung ist, und sie erklären dann, warum ihnen das Angebot nicht gefällt. Das Kind muss daraufhin sein Angebot verändern.

- Es bestimmt nun ein anderes Kind, das als Nächstes sein Angebot vorstellt.
- Wenn die Kinder den Daumen hochhalten, dann heftet das Kind sein Angebot an die Seitentafel.
- So geht es immer weiter, bis viele Schritte zum Frieden zu sehen sind.

Bandwurmwörter

- Die Kinder sitzen im Kreis.
- Ein Kind beginnt und sagt ein Wort.
- Das nächste Kind achtet darauf, mit welchem Buchstaben das Wort endet, und sagt ein Wort, das mit diesem Buchstaben beginnt.
- Das nächste Kind achtet ebenfalls darauf, mit welchem Buchstaben das Wort endet, und sagt ein Wort, das mit diesem Buchstaben beginnt.
- So geht es immer weiter, bis alle Kinder ein Wort genannt haben.

Gemeinsam reimen

- Die Kinder sitzen im Kreis.
- Ein Kind beginnt und sagt einen kurzen Satz, z. B. „Ich kenne eine kleine Maus".
- Das nächste Kind soll darauf einen Reim finden, d. h. einen Satz ergänzen, der sich am Ende auf Maus reimt, z. B. „die wohnt bei uns im Gartenhaus."
- Das nächste Kind sagt einen neuen kurzen Satz und das nächste Kind findet darauf auch einen Reim.
- So geht es immer weiter, bis alle Kinder an der Reihe waren.

Gemeinsam eine Geschichte erzählen

- Die Kinder sitzen im Kreis.
- Ein Kind sagt einen Satz.
- Das nächste Kind schließt einen passenden Satz an.
- Das nächste Kind findet einen weiteren Satz, der das bereits Gesagte schlüssig ergänzt.
- So geht es immer weiter.
- Die folgenden Kinder müssen sich auf das vorher Gehörte beziehen und eine Handlung entwickeln.

Mein größter Gedanke

- Die Kinder sitzen im Kreis.
- Ein Kind wird ausgewählt.
- Es schildert in einem Satz oder maximal in 2 Sätzen seinen größten Gedanken.
- Die anderen Kinder geben zuerst eine kurze positive Rückmeldung und wollen dann noch mehr darüber wissen, z. B.:
  - Ich finde deinen Gedanken sehr spannend, habe aber noch nicht verstanden, wie ...
  - Das ist ja ein toller Gedanke. Du musst mir aber noch einmal erklären, was du damit meinst.
  - Mir gefällt dein Gedanke sehr gut, aber wie stellst du dir das .... vor?
- Bei dem Spiel gelten folgende Regeln: Jeder Gedanke wird ernst genommen. Niemand wird ausgelacht.

> Es gibt jedoch Grenzen, die der Lehrer in der konkreten Situation selbst setzen muss, wenn ein Gedanke haarsträubend ist oder jemanden provozieren soll.

In einer Reihe stehen

- Die Kinder stehen auf ein Signal von ihren Plätzen auf.
- Sie stellen sich, ohne miteinander zu sprechen, in einer Reihenfolge nach ihrer Körpergröße auf. Links steht das kleinste Kind und rechts das größte Kind.
- Nun setzen sich die Kinder wieder hin und auf ein Signal stellen sie sich, ohne miteinander zu sprechen, in einer Reihenfolge nach ihren Geburtstagen auf. Links steht das Kind, das Anfang Januar geboren ist, und rechts am Ende das Kind, das Ende Dezember geboren ist.
- Weitere Aufstellungen in einer Reihe bieten sich noch an, z. B. nach der Länge der Haare, nach dem Alphabet der Vornamen, nach dem Alphabet der Hausnamen.

Achtsamkeitsübungen für die Gefühle anderer

- Die Kinder finden sich im Kreis zusammen.
- Ein Kind beginnt. Es spricht ein Kind an und fragt nach der Stimmung des Kindes. Es sagt, was ihm an dem Kind aufgefallen ist, z. B. ob es heute sehr nachdenklich war, ob es aufgedreht war, ob es traurig geguckt hat usw.
- Dann ist das angesprochene Kind an der Reihe und spricht ein anderes Kind an. Es sagt, was ihm an dem Kind aufgefallen ist.
- So geht es immer weiter, bis jedes Kind einmal an der Reihe war.

Beschreiben und nicht bewerten

- Die Kinder sitzen an ihren Plätzen und sprechen über einen Vorfall oder einen Streit.
- Jedes Kind darf sich der Reihe nach äußern. Es soll aber nur die Situation beschreiben und nicht seine Meinung sagen oder eine Bewertung abgeben.

Wie geht es Onkel Otto?

- Die Kinder sitzen im Kreis.
- Ein Kind beginnt und fragt ein anderes Kind: „Wie geht es Onkel Otto?“
- Das andere Kind denkt sich einen Zustand aus, z. B.:
  - Es geht ihm schlecht.
  - Er ist traurig.
  - Er lacht nicht mehr.
  - Er ist immer so nachdenklich.
  - Er ist sehr glücklich.
  - Es geht ihm gut.
- Die anderen Kinder nehmen durch Äußerungen Anteil. Das erste Kind fragt: „Warum?“
- Das andere Kind erläutert den Zustand, z. B.:
  - Er hat nur wenig Geld zum Leben.
  - Er hat beim Angeln keinen Fisch gefangen.
  - Er hat oft Kopfschmerzen.
  - Er ist oft allein.
  - Er hat im Lotto gewonnen.
- Das erste Kind fragt: „Was können wir für Onkel Otto tun?“
- Alle Kinder machen der Reihe nach einen Vorschlag, z. B.:
  - ihn besuchen und Witze erzählen/einen Kuchen mitbringen
  - ihm etwas Nettes sagen
  - ihm beim Erzählen seiner Sorgen zuhören
  - ihm aus einem Buch vorlesen
  - mit ihm spazieren gehen
- Die beiden Kinder, die rechts neben den Kindern sitzen, die den vorherigen Dialog geführt haben, sind nun an der Reihe.
- Das erste Kind fragt: „Wie geht es Onkel Otto?“.
- Das andere Kind denkt sich einen Zustand aus usw.
- Die Kinder, die rechts neben den Kindern sitzen, die den vorherigen Dialog geführt haben, sind als Nächstes an der Reihe.
- So geht es immer weiter.

Wie wir gute Gespräche führen können

- Die Kinder lesen die einzelnen Schritte für eine freundliche Kommunikation gründlich:
  Schritt 1: Ich lasse meinen Gesprächspartner ausreden.
  Schritt 2: Ich schaue ihn freundlich an und höre ihm zu.
  Schritt 3: Ich stelle ihm Fragen.
  Schritt 4: Ich höre ihm bei seinen Antworten genau zu und frage noch einmal nach, wenn ich etwas nicht verstanden habe.
  Schritt 5: Ich sage ihm, was mir gefallen hat oder was mir nicht gefallen hat.
- Der Lehrer legt 5 Teppichfliesen hintereinander.
- Ein Kind beginnt. Es stellt sich auf die erste Fliese und sagt den ersten Satz. Dann hüpft es auf die zweite Fliese und sagt den zweiten Satz. Wenn das Kind auf allen 5 Fliesen war, dann klatscht es ein anderes Kind ab. Dieses beginnt wieder bei der ersten Fliese.

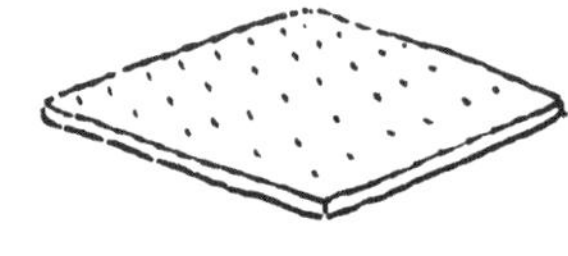

- Wenn ein Kind den Text nicht genau weiß, dann helfen die anderen Kinder.

Gespräche führen

- Die Kinder finden sich zu dritt zusammen.
- Das erste Kind beginnt. Es erzählt 2 Minuten lang eine Begebenheit oder ein Erlebnis. Das zweite Kind hört nach den gelernten Gesprächsregeln zu. Das dritte Kind achtet darauf, dass alle 5 Regeln eingehalten werden.
- Dann wird gewechselt. Alle 3 Kinder sollen einmal Erzähler, Zuhörer und Kontrolleur sein.

Mein Traum von der Zukunft

- Die Kinder sitzen im Kreis.
- Ein Kind beginnt und sagt: „Mein Traum von der Zukunft ist, dass ....“. Es erzählt, wie es sich die Zukunft vorstellt.
- Dann ist das nächste Kind an der Reihe.

Spiele zur Entspannung und zur Verbesserung der Konzentration

Kinder können schnell unruhig werden, wenn sie überfordert oder unterfordert sowie überspannt oder unterspannt sind. Manche Kinder können nicht über einen längeren Zeitraum arbeiten. Andere sind bei der Lösung von Aufgaben bis an ihre Grenzen gefordert. Manche haben schnell Bewegungsdefizite. Andere sind nicht ausgelastet.

Anstrengung und Entspannung sowie Bewegung und Stille sollen sich auch im Unterricht die Waage halten. Nach Arbeitsphasen sollten die Kinder die Möglichkeit der Entspannung haben, damit sie keine Stresssymptome zeigen und ihr Körper im Gleichgewicht ist. Wenn sie sich nur noch auf ihren Körper konzentrieren sollen, sind problematische Situationen für eine gewisse Zeit aus dem Kopf oder sie lösen sich ganz auf.

Die nachfolgenden Spiele oder Übungen sollen helfen,

- die eigene Stimmung bewusst wahrzunehmen
- ein Wechsel von Anspannung und Entspannung zu praktizieren
- Gedanken und Gefühle zu formulieren
- zur Ruhe zu kommen
- sich anschließend besser auf das Wesentliche konzentrieren zu können

Fantasiereise

- Der Lehrer spielt leise Entspannungsmusik.
- Dann spricht er folgenden Text:

Suche dir einen Platz, der dir gefällt und lege dich bequem hin. Schließe die Augen, wenn du möchtest, und höre zu.

Stelle dir vor, du stehst oben auf einem Berg. Die Sonne scheint. Es ist warm. Einige kleine Wolken ziehen vorbei und hüllen dich ein. Sie hinterlassen Wassertropfen an deinem Gesicht und auf deinen Armen und erfrischen dich. Doch bald sind die Wolken weitergezogen, und die Sicht ist frei. Deine Gedanken ziehen mit den Wolken weg. Hier oben hast du alles andere vergessen. Du bist völlig entspannt.

Du schaust dich um. Der Anblick ist einmalig. Du hältst inne und genießt die Aussicht. So etwas Schönes hast du noch nie gesehen. Neben dir und hinter dir sind mehrere hohe Berge. Einige reichen bis zu den Wolken. Du schaust hinunter. Vor dir liegt ein grünes Tal. Du kannst einen Fluss erkennen, der an einem Ort vorbeiführt. Du erkennst eine Kirche und mehrere Häuser. Von hier oben sieht alles winzig klein aus, wie ein Spielzeugdorf.

Du suchst einen Weg, der hinunterführt. Da entdeckst du ihn. Der Weg ist schmal und sandig, aber bequem zu laufen. Schritt für Schritt geht es abwärts. Du gehst langsam, denn du hast viel Zeit und möchtest jede Kleinigkeit beachten. Neben dir hörst du die Bienen summen. Schmetterlinge in verschiedenen Farben tauchen vor dir auf. Vögel zwitschern auf unterschiedliche Weise. Am Wegesrand erkennst du viele bunte Blumen, rote, gelbe, blaue. Ein lieblicher Duft steigt dir in die Nase. Du atmest tief ein und aus.

Dann gehst du weiter hinunter ins Tal. Die Bäume werden immer dichter. Du gehst durch einen kleinen Wald. An den Wurzeln der Bäume wächst Moos. Du bückst dich und streichst mit der Hand darüber. Das Moos ist weich und angenehm. Nun bist du unten im Tal angekommen. Suche dir einen Lieblingsplatz aus, an dem du ein wenig verweilen möchtest. Ist es ein Haus oder ein Garten? Ist es das Flussufer oder die Kirche? Wo fühlst du dich am wohlsten? Genieße deinen Lieblingsplatz. Mache es dir dort gemütlich ... (*kurzes Innehalten*).

Nun gehst du wieder nach oben auf den Berg, von wo du gekommen bist. Du gehst durch den Wald, an dem du das Moos gestreichelt hast. Dann gehst du weiter nach oben, wo du am Wegesrand viele bunte Blumen gesehen hast und wo dir der Duft in die Nase gestiegen ist. Bald bist du wieder oben am Gipfel angekommen. Von hier kannst du noch einmal ins Tal schauen.

Langsam erwachst du aus deiner Traumreise zu deinem Lieblingsplatz und kommst wieder in diesem Raum an. Du öffnest die Augen. Du reckst und streckst dich und klopfst deine Arme und Beine wach. Erzähle, was du auf deiner Fantasiereise erlebt hast.

Stimmungsbarometer

- In den 4 Ecken der Klasse hängen unterschiedliche Bilder: Auf einem Bild hat der Junge ein freundliches Gesicht, auf den anderen Bildern ist er nachdenklich, ärgerlich und traurig.
- Auf ein Signal gehen die Kinder in die Ecke, die zu ihrer momentanen Stimmung passt. Die Kinder sprechen in den Ecken darüber, wie es ihnen geht.
- Es ist auch außerhalb des Spiels möglich, dass ein Kind, das sich schlecht fühlt, zum Barometer geht. Dann können der Lehrer oder einige Kinder darauf reagieren.

Von der Anspannung zur Entspannung

- Die Kinder stehen verteilt im Raum.
- Sie spannen die Arme und Hände an, als wenn sie ein imaginäres Seil in der Hand hätten, und ziehen es dicht zu sich heran, halten es 5 Sekunden fest, lassen es langsam los und strecken dann die Arme nach vorne und spreizen die Finger. So verbleiben sie 10 Sekunden.
- Sie wiederholen diese Übung mehrmals. Das imaginäre Seil können sie auch von oben nach unten ziehen oder von rechts nach links.
- Das entspannte Ausstrecken erfolgt langsam, fast tänzerisch und in Zeitlupe, und immer genau in die andere Richtung, aus der sie das imaginäre Seil gezogen haben. Diese Bewegungen können auch zu einer Instrumentalmusik durchgeführt werden.
- Möglich ist auch, dass ein Kind die entsprechenden Bewegungen vormacht und die anderen Kinder die Bewegungen nachmachen.

Anspannen und Entspannen

- Die Kinder sitzen auf ihren Plätzen.
- Der Lehrer gibt folgende Anweisung:

Setze dich entspannt hin.
Lege die Hände mit den Innenflächen nach oben auf die Oberschenkel.
Schließe die Augen.
Bilde mit den Händen nun Fäuste.
Verstecke den Daumen in den Fäusten und spanne die Muskeln an.
Nun lass die Hände wieder locker auf den Oberschenkeln liegen.
Entspanne dich.
Nun ziehe die Schultern so hoch du kannst und spanne die Muskeln an.
Nun nimm die Schultern herunter und entspanne dich wieder.
Dann ziehe die Füße hoch und lass nur die Zehen stehen.
Spanne die Muskeln an.
Nun stelle die Füße wieder locker auf den Boden und entspanne dich.

- So geht es immer weiter.
- Die Kinder können für eine halbe Minute die Augen zukneifen, die Augenbrauen hochziehen oder die Arme anspannen. Wichtig ist, dass sie anschließend eine halbe Minute entspannen.

Kraft sammeln

- Die Kinder sitzen an ihrem Platz oder legen sich auf den Boden.
- Der Lehrer spricht den Text:

Du hast schon fleißig gearbeitet. Jetzt bist du müde und gähnst nach Herzenslust.
Atme tief ein und wieder aus, tief ein und wieder aus.
Du schließt die Augen. In Gedanken gehst du an deinem rechten Bein entlang zu deinem rechten Fuß.
Du spürst, dass dein Fuß ganz warm wird.
Du gehst in Gedanken an deinem linken Bein entlang zu deinem linken Fuß.
Du spürst, dass dein Fuß ganz warm wird.
Du gehst in Gedanken an deinem rechten Arm entlang zu deiner rechten Hand.
Du spürst, dass deine Hand ganz warm wird.
Anschließend gehst du in Gedanken an deinem linken Arm entlang zu deiner linken Hand.
Du spürst, dass deine Hand ganz warm wird.
Du gehst du in Gedanken zu deinem Hinterkopf.
Du spürst, dass es dort warm wird. Die Wärme geht langsam in deinen Nacken und den Rücken hinunter.
Du fühlst dich wohl.
Nun öffne die Augen und recke deine Arme hoch.
Du bist wieder frisch und ausgeruht, als hättest du lange geschlafen.
Nun kannst du deine Arbeit wieder fortsetzen.

Achtsames Laufen und Klatschen und Stehen

- Wenn die Klasse unruhig ist und die Kinder sich nicht mehr gut konzentrieren können, geht der Lehrer mit ihnen für 10 Minuten nach draußen auf den Schulhof.
- Dort bittet er die Kinder, im gleichen Rhythmus hinter ihm herzulaufen. Er tritt mit den Füßen fest auf. Vielleicht tritt er auch zweimal hintereinander an der gleichen Stelle auf – mal mit dem linken Fuß, mal mit dem rechten Fuß. Die Kinder achten darauf, es ihm gleich zu tun.
- Danach dreht er sich um, stellt sich so hin, dass die Kinder ihn anschauen können. Er hebt die Hände hoch über den Kopf und klatscht. Er klatscht langsam in einem bestimmten Rhythmus in seine Hände. Mitunter klatscht er zweimal hintereinander. Die Kinder achten darauf, es ihm gleich zu tun.
- Nun stellt er sich auf ein Bein und balanciert mit den Armen seinen Körper aus. Die Kinder machen es nach.

Nur auf mich konzentriert sein

- Die Kinder sitzen an ihrem Platz.
- Ein Kind beginnt.
- Es schaut in sein Heft und konzentriert sich nur auf seine Aufgabe und lässt sich nicht ablenken.
- Es sagt sich leise: „Ich bin ganz bei mir“.
- Die anderen Kinder dürfen an dem Kind vorbeilaufen und lachen oder Grimassen ziehen.
- Nach 2 Minuten wird gewechselt.
- Dann konzentriert sich ein anderes Kind auf seine Aufgabe.
- Auch dieses Kind sagt sich leise: „Ich bin ganz bei mir“, während die anderen versuchen, es abzulenken.

Atemübung

- Die Kinder sitzen an ihrem Platz.
- Der Lehrer gibt folgenden Anleitungstext für die Atemübung:

> Setze dich aufrecht hin.
> Spüre deinen ganzen Körper, wie er auf dem Stuhl sitzt.
> Achte darauf, wann sich dein Atem meldet.
> Erwarte ihn ganz entspannt.
> Atme tief ein und tief aus.
> Achte darauf, wo du deinen Atem spüren kannst.
> vielleicht geht er von unten nach oben
> und dann wieder von oben nach unten.
> Spüre nun wieder deinen ganzen Körper,
> deine Beine, deine Füße, deine Arme und deine Hände,
> dein Kopf und dein Rücken.
> Finde einen Rhythmus für deinen Atem.
> Achte darauf, wohin dein Atem in deinen Körper geht
> und wo er wieder hinausgeht.
> Achte darauf,
> ob du auch stille Momente zwischen den Atemzügen hast.
> Atme nun weiter nach deinem Rhythmus.

Wie bin ich heute hier?

- Der Lehrer schreibe einige Fragen auf Karteikarten, z. B.:
  - Wie fühle ich mich?
  - Was habe ich heute schon erlebt?
  - Was hat mir heute schon Freude gemacht?
  - Wer hat mich heute schon gelobt?
  - Welchen Erfolg hatte ich heute schon?
  - Wie bin ich heute hier angekommen?
- Die Kinder sitzen im Kreis.
- Das erste Kind wählt eine Karte aus und beantwortet die Frage.
- Dann zeigt es auf ein anderes Kind, das nun auch eine Karte aussucht.

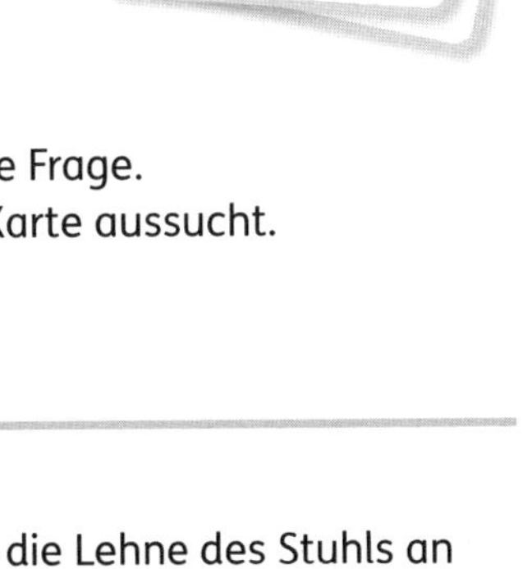

Pferdegetrappel

- Die Kinder teilen sich in 2 Hälften.
- Eine Hälfte der Kinder setzt sich so auf den Platz, wobei die Lehne des Stuhls an der Seite ist.
- Die andere Hälfte der Kinder stellt sich hinter die sitzenden Kinder und legt die Hände auf den Rücken der Kinder.
- Der Lehrer spricht den Anleitungstext:

Die Sonne wärmt eine schöne grüne Wiese.
(Die Kinder lassen die Hände auf dem Rücken der anderen liegen.)
Zwei Pferde werden auf die Wiese gelassen.
(Die Kinder trommeln nun mit 2 Fingern den anderen leicht auf den Rücken, hinauf und hinab.)
Nun kommen noch mehr Pferde dazu.
(Die Kinder trommeln mit allen 10 Fingern auf dem Rücken der Kinder.)
Nun gehen die Pferde im Schritttempo.
(Die Kinder streichen mit den flachen Händen leicht über den Rücken.)
Dann bleiben sie stehen, fressen etwas Gras und ruhen sich aus.
(Die Kinder legen die Hände wieder flach auf den Rücken.)

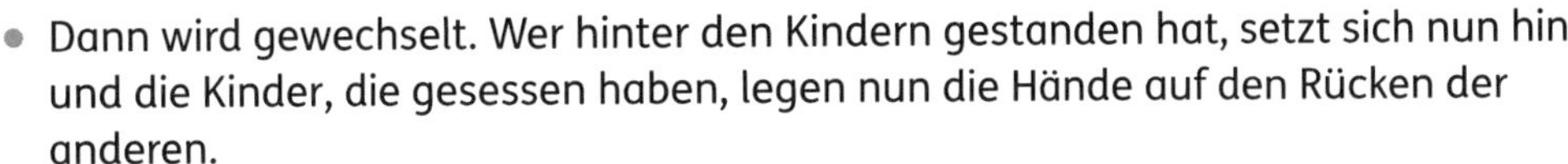

- Dann wird gewechselt. Wer hinter den Kindern gestanden hat, setzt sich nun hin und die Kinder, die gesessen haben, legen nun die Hände auf den Rücken der anderen.
- Der Lehrer spricht noch einmal den Anleitungstext.

Traumreise

- Der Lehrer bittet die Kinder, eine entspannte Körperhaltung einzunehmen, den Kopf auf den Tisch in die Arme zu legen, die Augen zu schließen und sich auf eine Traumreise zu begeben.
- Nun stellt er für 3 Minuten Entspannungsmusik an. Die Musik darf nur sehr leise gespielt werden.
- Wenn die Musik beendet ist, dann können die Kinder erzählen, wohin sie ihre Traumreise geführt hat und wie sie sich auf ihrer Traumreise gefühlt haben.

Akrostichon: Zur Ruhe kommen

- Die Kinder stehen vor einer Tafel oder einer Wand, an der ein großes Papier hängt.
- Der Lehrer schreibt senkrecht „Zur Ruhe kommen“ auf.
- Die Kinder schreiben waagerecht Gründe auf, warum es wichtig ist, zur Ruhe zu kommen. Dabei nutzen sie die jeweiligen Anfangsbuchstaben.

Z ur Ruhe kommen
U nruhe stört
R uhe finden ist wichtig

R
U
H eute und jeden Tag
E

K einer kann ohne Entspannung leben
O
M it Entspannungsübungen ist alles leichter
M an ist hinterher wieder frisch und munter
E
N ach der Entspannung geht die Arbeit wieder besser weiter

Spiele zum Einüben von Klassenregeln und -diensten

Manche Kinder können schnell unruhig werden, weil sie es nicht schaffen, sich an Absprachen zu halten. Für sie ist es nicht leicht, Klassenregeln zu beachten, Abmachungen zu befolgen, Gesprächsregeln einzuhalten, ihre Umwelt achtsam wahrzunehmen, ihre Materialien an die entsprechende Stelle zu räumen oder den Klassenraum sauber zu hinterlassen. Sie fallen anderen Kindern ins Wort, wollen Recht behalten, heben nicht den Müll auf, der auf dem Boden liegt. Sie nehmen ihn nicht einmal wahr. Manche sagen, dass es nicht ihr Müll ist und sie ihn deshalb nicht aufheben.

Es ist ein mühsamer Prozess, die Kinder an Regeln der Klasse und an ein Verantwortungsgefühl heranzuführen, ihren Klassenraum sauber zu halten und für alle Aufgaben entsprechende Dienste zu übernehmen. Manchmal muss ein Problem auch mit Humor gelöst werden.

Die nachfolgenden Spiele sollen dazu beitragen, die Kinder für Ordnung im Klassenraum zu sensibilisieren, positives Verhalten zu üben und Regeln zu verinnerlichen.

Wer hat den Schmutz in die Klasse gebracht?

- Alle Kinder sitzen mit dem Lehrer im Kreis.
- Der Lehrer schaut ein Kind, z. B. Mira, an:

Lehrer:	Mira hat den Schmutz in die Klasse gebracht.
Mira:	Wer? Ich?
Lehrer:	Ja, du.
Mira:	Niemals.
Lehrer:	Wer dann?
Mira:	Emil (Beispiel)

- Lehrer und Kinder verstärken die Worte durch rhythmisches Klatschen mit beiden Händen auf die Oberschenkel.
- Danach geht es sofort weiter:

Mira sagt:	Emil hat den Schmutz in die Klasse gebracht.
Emil fragt:	Wer? Ich?
Mira sagt:	Ja, du.
Emil sagt:	Niemals.
Mira fragt:	Wer dann?
Emil sagt:	(....)

- Das Spiel geht ohne Pause im gleichen Rhythmus weiter, bis alle Kinder genannt wurden.

Vorschlag zum rhythmischen Klatschen:

```
Mira hat den Schmutz in die Klasse gebracht. Wer ich? Ja, du.
o    o          o    o        o    o
Niemals. Wer dann?
   o        o
```

Klassenregeln-Pantomime

- Die Kinder sitzen im Kreis.
- Ein Kind beginnt und stellt pantomimisch eine Klassenregel dar.
- Die anderen Kinder erraten, welche Klassenregel gemeint ist.
- Derjenige, der die Regel richtig erraten hat, ist nun an der Reihe.

Akrostichon: Klassenregeln

- Die Kinder stehen vor einer Tafel oder einer Wand, an der ein großes Papier hängt.
- Der Lehrer schreibt senkrecht das Wort „Klassenregeln“ auf.
- Die Kinder schreiben waagerecht Gründe für Klassenregeln in Stichworten auf. Sie sollen nicht die Klassenregeln formulieren oder wiederholen, sondern ihre Gedanken oder Gefühle zum Sinn von Klassenregeln zum Ausdruck bringen. Dabei nutzen sie die jeweiligen Anfangsbuchstaben.

K lassenregeln
L
A lle Kinder sollen sich daran halten
S
S ind für ein ungestörtes Lernen wichtig
E
N
R egeln geben uns eine Orientierung
E
G
E
L
N

Ohne Regeln geht es nicht

- Die Kinder sitzen zu viert am Tisch. In der Mitte liegen Spielkarten.
- Ein Kind beginnt, mischt die Karten und verteilt sie an die Gruppe.
- Die Kinder ziehen der Reihe nach bei den anderen eine Karte.
- Wer ein Quartett zusammen hat, legt es ab.
- Das Kind mit den am meisten abgelegten Karten ist Sieger.
- Am Schluss lesen alle Kinder die Sätze auf den Karten vor.

A	B	C	D
Ich störe andere Kinder nicht bei der Arbeit.	Jedes Kind hat das Recht, in Ruhe zu lernen.	Ich möchte meine Arbeit ohne Störungen erledigen können.	Bei Störungen kann sich ein Kind nicht auf seine Arbeit konzentrieren.
A	B	C	D
Ich höre dem Lehrer zu, damit ich weiß, was ich tun soll.	Ich höre meinem Gesprächs-partner genau zu und schaue ihn dabei an.	Ich höre aufmerksam zu, damit ich alles verstehe und nichts verpasse.	Jedes Kind hat das Recht, jemandem zuzuhören und etwas Neues zu lernen.
A	B	C	D
Ich helfe anderen Kindern.	Jedes Kind hat das Recht, Hilfe zu bekommen.	Jedes Kind, das einem anderen etwas erklären kann, hat die Sache verstanden.	Hilfsbereit-schaft ist eine Tugend.

A	B	C	D
Nach der Arbeit räume ich meine Sachen in die Fächer.	Nach der Arbeit packe ich meine Sachen in die Schultasche.	Wir räumen den Müll in den Mülleimer.	Jedes Kind hat das Recht, in sauberer Umgebung zu leben und zu lernen.
A	B	C	D
Bei der Partnerarbeit spreche ich leise, damit ich andere Partner nicht bei der Arbeit störe.	Ich lasse meinen Gesprächs-partner ausreden, bevor ich etwas sage.	Ich schaue meinen Gesprächs-partner an.	Ich frage meinen Gesprächs-partner, ob ich ihm einen Tipp geben darf oder ob er meine Meinung hören möchte.
A	B	C	D
Ich melde mich, wenn ich etwas sagen möchten.	Jedes Kind hat das Recht, seine Meinung zu sagen und angehört zu werden.	Ich melde mich, damit eine Reihenfolge für Gesprächs-beiträge festgelegt werden kann.	Ich spreche nicht ungefragt in die Klasse und vermeide dadurch Störungen.

A	B	C	D
Ich sage „Bitte“ und „Danke“.	Ich grüße freundlich, wenn ich morgens in die Klasse komme, und verabschiede mich, wenn ich gehe.	Ich höre bei Gesprächen zu und schaue meinen Gesprächspartner dabei freundlich an.	Ich provoziere niemanden.

A	B	C	D
Ich löse Konflikte mit Worten.	Ich lasse den anderen ausreden, bevor ich spreche.	Ich helfe mit, Streit zu schlichten.	Ich fordere niemanden zum Streit auf.

A	B	C	D
Ich weiß, dass nicht immer alles klappt.	Wenn mir eine Aufgabe nicht gut gelingt, bin ich nicht sauer, sondern strenge mich beim nächsten Mal noch besser an.	Ich weiß, dass ich Aufgaben erledigen kann und oft zu guten Ergebnissen komme.	Ich schaue in Gedanken auf meine Erfolge zurück und bekomme dadurch wieder neuen Mut.

Mutter, Mutter, wie weit darf ich laufen?

- Die Kinder stehen an einer Seite einer Spielfläche. An der gegenüberliegenden Seite steht die „Mutter“.
- Die Kinder rufen: „Mutter, Mutter, wie weit darf ich laufen?“.
- Die Mutter macht eine Vorgabe, z. B.: „5 Riesenschritte“
- Daraufhin fragen die Kinder: „Darf ich wirklich?“
- Die Mutter antwortet: „Ja. Du musst die Anweisung aber genau einhalten.“
- Die Kinder rufen: „Ich verspreche es. Ich mache genau 5 Riesenschritte.“ Dann machen die Kinder 5 Riesenschritte und bleiben stehen.
- Die Mutter schaut sich ihre Kinder an und lobt sie. Dann geht sie wieder zurück an ihren Platz.
- Die Kinder rufen: „Mutter, Mutter, wie weit darf ich laufen?“
- Die Mutter macht eine neue Vorgabe, z. B.: „3 Hopser“.
- Nun schaut sie ihre Kinder beim Vorwärtsgehen an und lobt sie. Dann geht sie wieder zurück an ihren Platz.
- So geht es immer weiter, bis das erste Kind am Platz der Mutter angekommen ist. Dieses übernimmt nun die Rolle der Mutter.

Der Pausenruf

- Kurz vor der Pause setzen sich alle Kinder auf ihre Plätze.
- Der Pausenruf wird durchgeführt:

Lehrer: Die Arbeit kann jetzt warten.
Kinder: Die Arbeit kann jetzt warten.
(halten beide Handflächen nach unten)
Lehrer: Wir gehen in den Garten.
Kinder: Wir gehen in den Garten.
(zeigen nach draußen)
Lehrer: Und wollen friedlich spielen.
Kinder: Und wollen friedlich spielen.
(wackeln hin und her)
Lehrer: Mit wenigen und vielen.
Kinder: Mit wenigen und vielen.
(zeigen mit den Fingern wenige und viele)
Lehrer: Muntermacher, das sind wir.
Kinder: Muntermacher, das sind wir.
(heben die Arme hoch)
Lehrer: Auf, nun geh‘n wir durch die Tür.
Kinder: Auf, nun geh‘n wir durch die Tür.
(stehen langsam auf, zeigen auf die Tür und verlassen den Klassenraum)

Kinder, Kinder, ihr müsst wandern

- Wenn die Kinder im Verlauf des Unterrichts ihren Plätz wechseln sollen, z. B. zum Sitzkreis, auf eine Sitzbank und wieder zurück zum Tisch, dann stimmt der Lehrer jedes Mal das Lied „Kinder, Kinder ..." an.
- Alle Kinder singen mit und laufen langsam und leise zum anderen Platz und setzen sich dort hin.

Wer darf gehen?

- Die Kinder sitzen entweder im Kreis oder an ihren Tischen und haben ihre Arbeit beendet.
- Der Lehrer sagt: „Alle Kinder, die im Januar Geburtstag haben, dürfen aufstehen, sich an der Tür aufstellen oder den Klassenraum verlassen."
- Sobald die Kinder aufgestanden sind und wieder Ruhe eingekehrt ist, schickt er die nächste Gruppe (die Kinder, die im Februar Geburtstag haben) aus der Klasse.
- Der Lehrer kann am nächsten Tag eine andere Reihenfolge vorgeben, z. B. nach Farben in der Kleidung, nach der Länge der Haare, nach der Körpergröße der Kinder, nach der Schuhgröße.
- Das Spiel ist sinnvoll, damit die Kinder nicht alle gleichzeitig zur Tür stürmen.

Der Aufräum-Rap

- 5 Minuten vor Unterrichtsschluss klatscht der Lehrer in die Hände und spricht den Aufräum-Rap.
- Der Lehrer spricht den Aufräum-Rap rhythmisch vor und dazu räumen die Kinder ihre Sachen weg. Nach wenigen Tagen können die Kinder den Rap rhythmisch mitsprechen.
- Wenn der Lehrer beginnt, sprechen sie sofort den Text rhythmisch mit und räumen ihre Sachen auf.
- Einige Materialien können in den Ablagekasten und andere sollen in den Schulranzen. Die Tafel soll dann schon geputzt und der Mülleimer geleert sein.

Aufräum-Rap
(Edelgard Moers)

Mein Platz, der wird gleich sauber sein.
Ich räum die Sachen nur noch ein.
Blitzeblank und ohne Fleck.
Hokus, pokus! Alles weg.

Was nehm ich mit? Was lass ich hier?
Das ist doch klar, drum merk ich mir:
Blitzeblank und ohne Fleck.
Hokus pokus! Alles weg.

Ich heb den Müll vom Boden auf,
auch den von dir nehm ich in Kauf.
Blitzeblank und ohne Fleck.
Hokus pokus! Alles weg.

Nun sieht mein Platz manierlich aus
und ich geh jetzt zur Tür hinaus.
Blitzeblank und ohne Fleck.
Hokus pokus! Alles weg.

Reflexion

- Die Kinder sitzen im Kreis.
- Ein Kind beginnt, nimmt eine Reflexionskarte in die Hand und vollendet den Satz. Es legt die Karte wieder in die Mitte.
- Dann nimmt das nächste Kind eine Reflexionskarte in die Hand und vollendet den Satz.
- So geht es immer weiter, bis alle Kinder etwas gesagt haben.

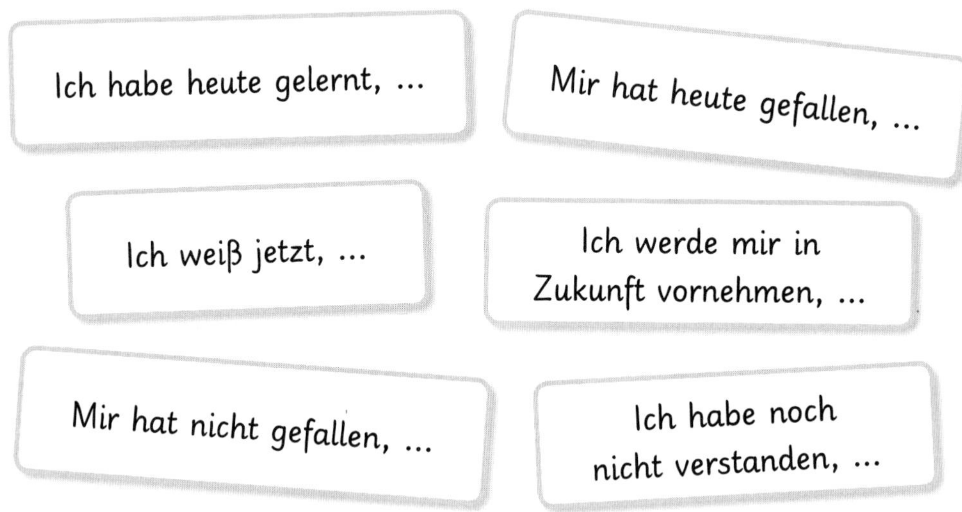

Achtsamkeitsübung zur Erkundung des Klassenraums

- Einige Minuten vor Unterrichtsschluss bittet der Lehrer die Kinder, ihre Taschen einzupacken, die Stühle hochzustellen und an ihrem Platz stehen zu bleiben.
- Nun sollen sie ihre Blicke schweifen lassen und wahrnehmen, wie die Klasse nicht hinterlassen werden soll.
- Sie sollen schauen, ob jedes Kind seinen Dienst verrichtet hat, ob die Tafel geputzt ist, ob noch Papier auf dem Boden liegt, ob die Blumen gegossen sind, ob der Lichtschalter aus ist.
- Zunächst kann der Lehrer einige Beispiele vorgeben. Später achten die Kinder selbst darauf, was noch nicht in Ordnung ist.
- Wenn noch etwas erledigt werden muss, dann sollen sich alle Kinder dafür verantwortlich fühlen. Es darf nicht sein, dass die meisten Kinder die Klasse verlassen und nur einige zurückbleiben, die für Ordnung sorgen.
- Auch wenn ein Kind seinen Dienst vergessen hat, durchzuführen, bleiben noch alle in der Klasse. Möglicherweise helfen andere Kinder mit, damit es schneller geht.